| 高校社科研究文库 |

新媒体参与社会治理的“优”与“忧”

王　健　金旭阳 | 著

光明日报出版社

图书在版编目（CIP）数据

新媒体参与社会治理的“优”与“忧” / 王健，金旭阳著．--北京：光明日报出版社，2020.6

ISBN 978-7-5194-5748-8

Ⅰ.①新… Ⅱ.①王…②金… Ⅲ.①传播媒介—应用—社会管理—研究—中国 Ⅳ.①D63

中国版本图书馆CIP数据核字（2020）第087312号

新媒体参与社会治理的“优”与“忧”

XINMEITI CANYU SHEHUI ZHILI DE “YOU” YU “YOU”

著　　者：王　健　金旭阳

责任编辑：李月娥　　　　责任校对：慧　眼

封面设计：中联学林　　　责任印制：曹　诤

出版发行：光明日报出版社

地　　址：北京市西城区永安路106号，100050

电　　话：010-63139890（咨询），010-63131930（邮购）

传　　真：010-63131930

网　　址：http://book.gmw.cn

E - mail：liyuee@gmw.cn

法律顾问：北京德恒律师事务所龚柳方律师

印　　刷：三河市华东印刷有限公司

装　　订：三河市华东印刷有限公司

本书如有破损、缺页、装订错误，请与本社联系调换，电话：010-63131930

开　　本：170mm×240mm

字　　数：206千字　　　　印　　张：12.5

版　　次：2020年6月第1版　　印　　次：2020年6月第1次印刷

书　　号：ISBN 978-7-5194-5748-8

定　　价：58.00元

前 言

关注媒介与社会变迁之间的关系是一个时谈时新的经典议题，在现代社会形成的网络化格局中，新媒体作为一种由媒介技术催生的复合式平台集合，成为当前社会治理中不可忽视的一部分。移动媒体的普及和使用让网络信息技术融入社会大众日常活动范围和行动中，在超越媒体形态的互嵌式传播的影响下塑造出与现实环境不同的网络“公共领域”，被人们关注的社会问题、社会话题在这里重现，从而形成集合着网民情感、观念的网络议题，如网络世界中公共空间的塑造、社会大众媒介接近权的实现以及媒介技术带动的公民政治参与的实现，突破技术限制的新媒体在社会治理过程中扮演着哪些角色，网络社群的出现如何实践和丰富多元治理理论，对以新媒体平台为代表的电子政务服务的认知与应用、理解与掌握等一系列问题。新媒体与生俱来的技术优势为社会治理创新带来拉动力的同时也包含着发展潜能，IPv6 的升级结合 5G、物联网技术，让智能化新媒体为社会治理方式和体系的创新提供机遇。与此同时，媒介技术的升级也对社会治理创新提出一系列新的挑战，尤其体现在数字伦理、信息安全、网络治理等方面所存在着的不可忽视的技术隐忧。人们对网络媒介的依赖程度加深，成为在媒介现实和社会现实之间穿梭的“媒介生存者”，无时无刻不在被媒介化社会所包围。人们在社会转型的背景下疲于应对社会现实带来的压力，转而投入并沉溺于互联网提供的无限的、新鲜的信息资源中，在这里寻求刺激体验和精神享乐，麻痹现实的做法却让现实呈现出漏洞百出的状态，甚至衍生出社会失序、社会失范的问题。新媒体成为社会治理主体进行参与政治活动和学习创新手段的新介质，通过不断优化和创新社会治理的方法来实现全社会和谐发展的最终目标，然而，在这个过程中同样存在着反噬“公共性”进而冲击现代社会治理方式的风险。

“新媒体与社会治理研究”从学科理论层面来分析，本课题研究不局限于新闻学、传播学领域，还涉及社会学、政治学、管理学（公共管理学)、心理学等多个跨学科领域中的重要甚至核心知识，这说明本研究是一个需要多学科共同进行研究的课题。本课题的出发点集中于对媒介社会化问题的关注，试图探究新媒体在基本传播功能之外是否根据社会环境和应用范畴的变化而衍生出新的社会功能以及政治功能，并期望能够为社会治理相关理论的丰富做出贡献。从社会实践层面来分析，“新媒体与社会治理研究”不单单要对二者在实践过程中的关系进行观察研究，更要结合我国转型期这一社会背景尝试寻找有助于国家发展的具体方法，尤其是在互联网普及的前提下，通过多样化的媒介基础设施来满足公众对信息通信和社会服务的需求提供更多的实际指导和更高的实践价值。因此，结合社会需求理论和媒介技术理论，探讨以网络媒介为代表的新媒体在社会治理过程中的角色、功能、应用方式、潜在的问题和发展前景，对有针对性、有效率地进一步提高政府公信力、完善电子政务服务建设具有重要的参考价值。

目　录

CONTENTS

第一篇

基础概念篇

第一章　新媒体概述

18 世纪中叶，瓦特发明的蒸汽机将人类社会带入“机器时代”，技术的力量开始被人们认定为社会进步的助推器。在相继经历过“电气时代”“信息时代”之后，智能媒介的悄然而至，给人们当下的社会生活带来强烈的使用快感和精神冲击。新媒体是媒介技术的承载品，让生活在“地球村”中的人们在触手可及的范围内始终处于接触的状态，不断刷新着人们认知世界和改造世界的思维模式和行动方式。社会治理作为一个维护社会体系稳定、满足社会需求的核心手段，其概念的变迁和技术发展史有着相同的走向和不同的轨迹，尤其夹杂着个人因素、环境因素的影响，“牵一发而动全身”的隐忧牵绊着理念的更新和发展。同时，新媒体的出现和特点推动了社会治理的合理化、民主化进程，获得了高于以往历史阶段的成长速度和优于以往历史环境的生态空间，让社会治理的理念伴随着技术的进步也表现出了不断创新升级的态势。

一、“新媒体”一词

“新媒体”一词自出现至今，已然超过 50 年的时间；它诞生于 20 世纪中叶，依托互联网技术而成长，数字技术的出现和应用成就了它的普及，试图构建出“万物皆媒”的媒介化社会。在现实环境中，新媒体因为得到社会大众的认可而成绩斐然，但是关于新媒体的概念界定依然存在着较多的疑惑和不确定。

1. 什么是新媒体

1967 年，美国哥伦比亚广播电视网（CBS）技术研究所所长 P. 戈尔德·马克（P. Gold Mark），在一份关于开发 EVR（电视录像）商品的提案书中首次提出“新媒体”（New media）一词。两年后，致力实现军事信息资源共享的阿帕网（ARPANET）在美国建成，标志着互联网（Internet）的正式诞生；并于 20 世纪七八十年代在美国学界的努力下得到更为广泛的研究，当时的各大院校期盼找到实现学术研究资料“互通有无”的便捷途径，互联网的出现让他们认识到信息技术可以完成资源分享的愿望。伴随着 1995 年互联网对商业运营开放政策的出现，网络开始正式走向全球化的高速发展阶段，应用领域也不再以军事、政界、教育界等专业领域应用为主导，而是借助经济市场开始走入更多的工作场所，电子化操作逐渐成为社会运作中必不可少的一环。通信技术与信息产业的蓬勃发展让媒介在此后的几十年间日渐成熟，其基本的传播功能和媒介形态在数字技术和公众需求的不断推拉下得到延展，新媒体的概念开始从新闻机构向常规性的使用工具变化，人与媒介之间的关系让服务的含义逐渐向信息的含义挤压。这样的变化让人们开始关注对新媒体的更详尽、更确切的解释，对新媒体社会化功能应用的探索经历让人们认识到界定这个新事物的必要性，并尝试从学理和应用的角度对它进行准确、细致的解读。

在新媒体得到人们关注之后，不少媒体机构都曾尝试从业务角度概括其特征。在这一解读新媒体的浪潮影响下，美国《连线》（*Online*）杂志首先用“所有人对所有人的传播”（Communications for all, by all）来描述新媒体，这一泛化概念虽然在总结上不够精准，却已然揭示出新媒体的广而杂的特征，甚至对麦克卢汉的“地球村”预言给出按图索骥式回应。1998年，联合国新闻委员会（United Nations Information Committee）正式宣称互联网是继报纸、广播、电视之后的“第四媒体”，这次官宣无疑是对互联网存在价值的肯定，并且起到确定互联网媒介地位的功能，为通信技术首先以媒介形态出现创造氛围。直到社会学家、新闻学者们提出新媒体的学术概念之前，大量具有较高声誉的新闻集团、新闻记者甚至政府机构和国际组织，已从技术层面概括出新媒体的相关内容和特征，其中，联合国教科文组织（UNESCO）直接将新媒体定义为网络媒体，这一概念的出现是初级阶段人们对新媒体认识模糊的一个典型说法。

新兴媒介在满足人类信息需求的基础上，不仅会继承前一种媒介原有的特性，还会迎合社会大众使用习惯制造新功能，“认知—接触—使用”成为人们与媒介之间从出现到普及的必经过程。比如，报刊让信息流通平民化、杂志让信息内容丰富化、广播让信息接收广泛化、电视让信息传播大众化以及可视化；互联网作为媒介形态的“集大成者”，兼备大众传播媒介优点的同时也创造出自身的平台特色。然而，媒介形态的不断更替也让如何界定新媒体的概念再一次受到质疑，通过观察传播媒介不断“推陈出新”的发展变迁史发现，旧媒体时代和新媒体形态应是相对而言的关系。不少学者认为新媒体概念是动态概念，原因在于它会随着时间和空间的推进而发生内容变化，属于带有历史范畴的概念。然而，自移动媒体兴起之后“人机交互”成为新的时代主题，数字技术的普及和智能科学的出现让这一定义成为过去，因为无法全面地描述和解释“新媒体”的应用范围和使用力度而失去界定效力。

目前，关于“新媒体”的概念界定主要存在两种说法：一种认为现已存在的互联网络即是新媒体；另一种则认为新媒体会随着媒介形态的变化而不断演进，是一个时间上的相对概念。如果将互联网作为一种技术手段来看，网络技术应当是被包含在新媒体之中的一部分；如果将互联网作为一种媒介来看，存在“网络媒介”这一专属名词。而后者提及的相对性概念则是在界定“新媒体”的独特性上存在着缺陷。林刚在《新媒体新论》中指出：“新媒体的概念引申到一个可变化、可发展的空间范围里，几乎可以使用并解释所有的情况。但它无法解释为何‘新媒体’的概念没有更早地出现，这种相对论式的解说实质上是回避了对新媒体的正式定义，对新媒体学术研究并无益处。”① 所谓“概念”无疑是一种对被认识对象本质特征的抽象的理性认识，这种清晰的界定认知要求我们对“新媒体”的概括必须带有实质性的描述和客观性的边界。毫无疑问的是在传播领域中归纳总结新媒体的概念，必然带着对信息流动方式的理解以及对网络技术手段的认识，这种惯性的思维逻辑让人们对新事物的联想范围出现局限，进而出现在相对性概念中徘徊的现象。

对国家发展而言，通信设施是国家战略安全的重要保障，对社会治理而言，通信服务是政府政务工作的重要内容，信息通信的重要性吸引着、影响着人们的注意力。自21世纪初，我国学者开始关注新媒体概念的界定问题，并且提出一些具有代表性的概念和解释，在这些概念中大部分学者都是在某一特定的时间点上对新媒体进行阶段性定义，关注重点在于论述新媒体的显性特征。在众多关于新媒体定义的研究中，匡文波和彭兰对新媒体定义进行了持续性的探究，相对于其他零散的、模糊的概念更具有连贯性和整体性。匡文波对新媒体的定义存在一个变化的过程，从“数字化互动式新媒体”② 到“借助计算机（或具有计算机本质特征的数字设备）传播信息的载体”③。其间，他明确指出新媒体概念在界定上存在的宽泛性、相对性问题，并使用图示的方法标注出新媒体的外延范围。在数字技术出现和移动媒体普及之后，彭兰指出，基于数字技术、网络技术及其他

① 林刚．新媒体新论［M］．北京：中国传媒大学出版社，2014：3－4.

② 匡文波．“新媒体”概念辨析［J］．国际新闻界，2008（6）：66－69.

③ 匡文波．关于新媒体核心概念的厘清［J］．新闻爱好者，2012（19）：32.

现代信息技术或通信技术的，具有互动性、融合性的媒介形态和平台被称为“新媒体”。现阶段的新媒体主要包括网络媒体、手机媒体及其二者融合形成的移动互联网，以及其他具有互动性的数字媒体形式。①

综合来看，现有的“新媒体”定义存在着一些相通之处，即认为新媒体是依托于互联网而生，兼具数字化、网络化、社会化功能，通过多媒体终端向用户（受众）传递信息和提供服务的交互式传播形态。② 由于新媒体在数字媒体中占据主要地位的同时，对社会大众日常生活的影响力越来越大，因此出现从新媒体功能角度出发，将新媒体定义为“社会化媒介”的说法，而这一说法更为明确地提出了“关系”超越技术成为网络时代的核心要素。网络媒介让信息资源从时空脉络和知识应用层面渗透到社会生活中的方方面面，信息资源在数量和形式上的覆盖面决定着信息社会化、产业化环境的形成，传统的时间因素、地域因素的限制被打破，人们的信息需求和技术的普及应用逐渐趋于平衡稳定。但是，正如“梅特卡夫定律”认定的一般，新媒体的关系价值已经远远超于其数量基数，“用户需要”对市场环境中成长起来的新媒体来说依然具有强烈的导向性。

2. “新”在哪里

新媒体作为一种跨平台复合型的传播模式，以 ICT③ 的升级换代为基础，Web2.0 时代的无限通信技术就是其产生的基本条件，这些基础设施的完善让新媒体表现出信源广泛、交互性模式、跨时空交流、个性化服务等传播特征。吴征认为，新媒体具备消解力量，具体表现出对三种边界的

---

① 彭兰．“新媒体”界定的三条线索［J］．新闻与传播研究，2016（3）：120－125.

② 此处参考王诚、喻国明、崔保国、熊澄宇、匡文波、廖祥忠、李希光、张文俊、杜骏飞、宫承波等专家学者关于新媒体的概念。

③ ICT（全称为 Information and Communication Technology），通常情况下是指信息与通信技术，即电信服务、信息服务、IT 服务及应用的有机结合。关于 ICT 的说法并不统一，通常包含两层含意：第一层是指信息传递与共享，包含可提供基于宽带、高速通信网的多种业务；第二层是指一种通用的智能工具，这种工具会随着业务拓展而“智能”到什么地步尚处于未知阶段，这种情况使得目前的概念依然模糊。

消解，包括媒体形态、信息主体和社会单位，这种能力让新媒体一出现就快速地占据着新型主流传播渠道的位置。那么，新媒体的主要特征包括以下五方面。

（1）网络信息的共享性。自古罗马“阿尔布”出现开始，信息的流通权通常掌握在国家统治权力的手中，人们能够接收信息数量变多以及接触信息范围变广，只是社会大众与信息传播之间的关系更加密切，实际上信息流动的单向性特点并没有得到根本性的改变，媒介没有给予普通大众“主观能动性”施展的空间，人们在信息传播过程中没有展示出更多积极性。互联网的出现瓦解了传统信息传播的封闭式环境，让社会大众以个体身份参与到信息的流通环节中，不再被固定在传播的末端等待信息的到来。网络平台为社会大众提供了一个参与传播的机会，将传播活动的外延扩展至社会化层面，让网络的边界与社会活动的边界互相重合，从而确保信息共享范围的覆盖面能够最大限度地提升可以涉及的人口数量，伴随着网络平台中个体和群体用户基数的增加，可供选择和交流的内容也呈现出“百花齐放”的状态，覆盖范围从社会类、娱乐类、健康类、教育类、军事类、财经类等领域，具体到历史文化、理财致富、汽车房产等方面的信息。

（2）网络传播的交互性。经过网络媒介的持续使用，交互性被人们认定为新媒体最显著的特征，主要表现在信息流通的双向性和网络个体信息控制权的实现。① 社交平台的出现是互联网交互性的集中体现，人们聚集在一起形成带有意见或态度等方面“专属”意味的虚拟社区，通过交换信息、共享信息来满足个体需求，此外，讨论互动形成的话语集中让个体在虚拟社区中产生归属感甚至集体感，个体身份不再仅限于参与者，更是集体的捍卫者和维护者。信息传播的便捷性让网民不再满足于使用者角色，开始寻求更多可以满足自身需要和开发自身兴趣的主动性，通过掌握网络

① 宫承波．新媒体概论（第五版）［M］．北京：中国广播影视出版社，2016：7.

技术手段逐渐尝试信息传播过程中的各种工作内容，学习专业工作者掌握的传播技能，如图文编辑、摄影修图、动画制作等。这些做法除了让网民具备传播信息的能力之外，还成长为信息的收集者、生产者和加工者，催生了用户生产内容（User - generated Content）现象的出现，制造出虚拟世界中的互动关系和交流网络。

（3）媒介形态的碎片化。“浏览”成为人们进入网络时代后最常见的信息操作，这些源自人们自身社会生活的体验和感知的描述，将社会传播语境中碎片化阅读行为形象化，创造出如“碎片化传播”“碎片化生存”等词汇来形容新媒体传播形态。① 在为社会大众提供便利条件的同时也在潜移默化中改变着人们的生活习惯和认知方式，新媒体让人们长时间沉溺于海量的信息流中，使得人们对任何传播内容都处于“一知半解”的状态，人们逐渐习惯于“浏览”的阅读动作，而选择性遗忘“思考”的阅读理解，这种做法淡化了信息传播最重要的初衷——阅读价值的存在。20 世纪 60 年代，“沙发人”“土豆人”成为电视迷的代名词，揭示出人们对媒介的不可抗力，引发出“娱乐至死”的担忧，虽然这一情况同样发生在网络媒体中，但开始出现转变，网民正在学习如何在碎片化的内容中选择自己想看的内容，“推送”功能的出现就是这一变化带来的结果之一。

（4）网络技术的拓展性。1938 年，美国哥伦比亚广播公司的广播剧《火星人入侵地球》引发社会恐慌，事件发生的直接原因无疑要归功于奥森·威尔斯（Orson Wells）和水银剧团（Mercury Theater Group）的专业演播技巧，创新性的做法使他们取得超越同期的广播剧的逼真效果。相较于广播剧有限的创作空间，网络内容的可塑性则因为数字技术的加持而更加丰富，文本、图片、声音、影像被整合在一起，通过超文本链接的方式提供给网民使用，尤其是在 H5、VR、AR 等数字技术的使用后，虚拟和现实

① 谭天．新媒体新论［M］．广州：暨南大学出版社，2013：15.

的综合应用创造出更多的新鲜体验，新媒体在吸收以往大众媒体优点的基础上创造性地满足了网民听觉、视觉的需求。此外，新媒体的技术优势还体现在传播渠道的“超链接化”，移动媒体的普及让信息传播随时随地发送和接收成为常态，信息服务呈现方式的改变让人们对媒介的需求更加细化，在听和看的基础上人们开始倾向于制作和发布，更多的终端软件出现在人们的生活中，从而创造出如美图秀秀、泼辣修图、MIX 滤镜大师等常规性软件。新媒体的多媒体信息开始借助多平台（电脑、手机、电视、平板等电子设备）进行传播，这种“多屏联动”的传播方式在满足受众信息需求的基础上也保障了媒体信息的输出。①

（5）网络服务的个性化。传统媒介的单线传播以及报刊的版面限制、广播电视的时段限制，这些有限的传播空间让大众传播内容呈现出标准化、类别化的基本特征，人们作为媒体信息的接受者只能在已经提供的内容中进行选择。与传统媒体不同的是，网络平台不仅为社会大众提供了一个可以自主接触信息的决定权，也为社会大众营造出自主生产和加工信息的创造权，人们作为创作者加入并以用户认知习惯出发为网络服务的精细化提供助力。从早期的 QQ 聊天到广泛应用的 MSN、Facebook、WeChat、WhatsAPP，再到年轻人集中的 KakaoTalk、Instagram，信息交流软件已经营造出群体间的小范围信息流，人们在这些交流社区中进入或创建与自己相关甚至属于自己的“小圈子”。群体效应和个人特征在网络空间的膨胀让更专业、更符合网民需求的社区被创造出来；于是，类似小红书、知乎、豆瓣、得到等分享平台高频出现，“知识”“经验”“兴趣”“游戏”等个人色彩鲜明的词汇逐渐成为影响网络人群从离散到聚合的新焦点。以往的关注行为集中表现为在网络空间中对具体话题的跟帖、评论、转发、点赞等，此外，加上满足专业要求和符合人性需求的应用程序（Application，APP）的出现，迎合网民对自我表达渠道的积极追求，使凸显个人特征的

① 谭云明．新媒体概论［M］．北京：北京大学出版社，2018：33.

再创造、再加工行为有效延展了网络服务的后续运转和持久效应。

二、新媒体的治理角色

虚拟空间为“想什么”和“做什么”创造了更多的可能性，这种边界模糊的设定让新媒体在参与社会治理的过程中拥有广泛的发挥空间。无论是衣食住行的技术使用还是政治决策的意见收集，互联网已经成为人们日常生活中不可或缺的一部分，密集分布在与治理相关的不同环节。其中，具备治理意味的基本角色包括：海量信息的集散地、技术服务的提供者以及公众参与的汇聚平台。

1. 信息：海量资源

一般来说，信息源（Information Sources）是指“个人为满足其信息需要而获得信息的来源”①，互联网则是在出现之后就迅速地发展成为信息流通的集散地，同时覆盖物质载体和信息机构的双重身份。网民通过搜索引擎自行获取信息是最为常见的方式，每一个用户根据自身的需要来查找信息，成本低、速度快成为决定人们积极采用网络技术最实际的原因。网络平台中海量信息资源的集合，方便人们对多样化信息需求的同时也帮助人们及时地进行信息交流，多维度的互动让网络空间中的信息更加丰富，实现不同信息源之间的联结整合。手机、平板、台式机等多种终端之间的信息互通也让信息来源更加丰富，任何一种终端制造的信息都可以通过另外一种终端获得，大大加强了信息的流通范围和传播路径。此外，虽然人们使用的手机在型号、系统级别、性能上各不相同，但是应用软件的开发突破了硬件设施的局限，现有的应用程序包括多种使用版本，能够适用于iOS系统、Andriod系统抑或其他系统，人们通过应用程序软件接收信息

---

① “信息源”定义参考联合国教科文组织出版的《文献术语》中的相关解释，援引自百度百科，链接网址为 https：//baike. baidu. com/item/信息源/10812948？fr = aladdin。

时，终端浏览器在不同通信系统中的应用并不会阻断信息的传播。

在互联网没有出现之前，信息资源是私人的、独占的存在，集中在专业的、大型的媒体集团和政府机构手中，社会大众无法获得和传递具有新闻价值的第一手信息；然而互联网实现资源的共享，实际上是对现有网络空间中存储的现实来源数据资源的整合与再分配过程，目的在于满足网络市场对信息资源“互通有无”的需求。信息传递涉及社会中的每一个真实存在的行为个体，互联网通过技术手段将海量信息集中处理和运行，这种技术平台的出现也成为社会性活动开展所依仗的前提条件。霍顿认为，信息资源共享需要建立在政策体制及安全保障的基础上，技术与机制协调作业才能让新媒体在参与社会治理的过程中产生出“优化”的使用效果，避免信息资源的滥用影响社会稳定和国家安全。因此，在社会治理的过程中，新媒体的介入让社会大众都有可能成为参与主体，交流互动是共同完善社会治理方法的途径，而网络空间中的海量信息则是人们获取和传播的基本素材和助力。

在玛丽·米克尔（Mary Meeker）发布的《2019年互联网趋势报告》中指出，全球互联网用户已经达到38亿人，网络渗透率已经超过50%；其中，社交、视频和图片分享成为用户在移动端主要从事的行为活动，而这种变化直接导致社会大众日常获取新闻信息渠道的变化，通过社交媒体获取信息、关注话题成为越来越多的用户选择。交互性和虚拟社群的出现是以网络平台为代表的新媒体所具备的最基本特征，“自产自销”式的信息流通打破传统的话语权边界，社会个体在网络中同时具备制作者、发布者、传播者、接收者等多种角色，具备多重身份的网民可接触和使用的信息资源隐隐出现泛滥趋势。信息生产源头的多样化直接导致信息内容的复杂化，按照关键词进行搜索的过程中夹杂着包括广告软文、新闻稿件、企业活动、文化宣传在内的各类信息。然而在网络环境和信息内容“双新”的前提下，规则体制的不完善和传播主体的不成熟必然无法兼顾内容制作过程中的质量问题，导致内容质量和信息数量之间出现反向生长的现象，让网络信息数量不断上升的同时信息内容质量却呈现出不断下滑的趋势。

信息成为社会主体之间建立关系的介质，物理资源的有限和流通目的的偏差让信息内容错过被关注的核心位置，继而被信息海量分布的事实淹没。另外，由于网络技术打碎了内容生产的边界，社会大众在网络世界中的主要身份从“受众”过渡到“用户”，信息变现成为评判信息内容加工的标准。谈及网络信息流通领域中的内容创作问题，如何实现点击率和浏览量成为一项不可忽视的指标问题，在用户生产和专业生产①之间虽有不同，但盈利方式却路径相似。市场份额的竞争让信息的生产和制造成为一个难题，“模版”“套路”“蹭热点”“造话题”成为新媒体传播采用的主要技巧，信息内容创新的原动力开始变得模糊并逐渐失去亮点。在网络信息中“随大流”的传播方式制造出大量的雷同信息，“标题党”等只为流量而生的、混淆视听的无用信息，这些信息垃圾挤占着人们更多的时间和精力。起初，海量信息的出现是为提升社会个体或群体自主使用信息的便捷性，这一目的在现实中也得到了实现，但除此之外，信息容量的提升却无法控制信息内容的变化，用户行为习惯的改变可能会最终消耗人类创造、制造水平和能力。

在人类传播历史中，语言和文字一直是信息流通的基本单位，虽然数字技术的升级换代带来信息量的大幅度提升，但实质上却没有消磨掉人类文明的发展过程中所积累的交流元素。即使网络媒体、移动媒体等通信方式让媒介形态呈现出千变万化的模样，但是语言和文字对人类来说，它们的存在不再局限于交流工具的使用功能层面，更像麦克卢汉所说的那样，是一种应然且必然的“人体延伸”。在人类文明的发展过程中，文字能和

① 网络空间中的信息生产方式早期以用户生产内容（User - generated/User - created Content，UGC/UCC）方式为主，后又被细分出专业生产内容（Professionally - generated/ Professionally - produced Content，PGC/PPC）和职业生产内容（Occupationally - generated Content，OGC）。

人分离传播，但离不开书写文字的工具和承载文字的载体，因此文字的发明便孕育着对媒介层面的革命呼唤。① 如今，人们通过语言和文字表达高兴、悲伤、压抑、暴躁等情绪，说话语气、陈述方式的差异能够清晰地传递出人们对事件、人物、环境等客观对象的态度和看法。在传统的大众传播时期，信息集中于社会大众应当看到的内容，新闻工作者是主要的社会性信息的传播者，因而才会出现将新闻客观性作为基本原则的现象。但是在相对开放的网络环境中，人们开始热衷于制造和传播小范围内流通的简易而有趣的语言符号，甚至制造出全新的网络用语并时时更新，缩写、简语、图片表情、语音开始被大量使用，成为一种全新的表达方式。

2. 技术：精准服务

互联网是人类智慧的结晶、20 世纪的重大科技发明、当代先进生产力的重要标志，互联网深刻影响着世界经济、政治、文化和社会的发展，促进了社会生产生活和信息传播的变革。② 网络时代，技术已经成为人类生活中不可剥夺的一部分，技术能够影响的产业不再局限于工业领域之内，而是出现向社会全方位铺开的态势。技术不仅是提高生产力的主要因素，还借助媒介介质营造出新场景、新环境甚至新世界。恰如保罗·莱文森曾说过的那样，“人性化的趋势让媒介再现真实世界的水平不断提高，且同时也在维持或增加媒介的时空延伸，这样的延伸大大超越原来的生物学局限”③。在媒介发展史中，媒介的演进与技术密切相关，新媒体的突出在于对媒介生态环境和人类认知思维带来的双重改变，这种变化让媒介和技术关系紧密的表现越来越突出。尼尔·波兹曼将媒介技术文化具体划分为工具使用文化、技术统治文化和技术垄断文化，三种文化之间的递进关系表

---

① 张咏华．媒介分析：传播技术神话的解读［M］．上海：复旦大学出版社，2002：6.

② 援引自 2010 年 6 月国务院新闻办公室发布的第一份《中国互联网状况》白皮书前言部分，http：//www. scio. gov. cn/tt/Document/1011194/1011194. htm.

③ ［美］保罗·莱文森．保罗·莱文森精粹［M］．何道宽，译．北京：中国人民大学出版社，2007：34.

现出媒介从附属工具到影响人类生存方式的决定性因素的变化，为预判网络媒介与社会发展之间的状态提供了依据。

技术是实现人类文明进步的力量之一，对此，舒尔曼曾预言："技术正在变成全球性的力量。她开始染指于人类历史的根基，而且正在向人类历史注入极不稳定的因素。"① 其中所指的不稳定因素在世界发展的进程中则为人类社会变迁带来利弊相融的双面效应，这些效应伴随着媒介介质进入人类社会，分别作用在人们的思维、意识、行为方面，社会主体的观念动摇进而引发社会结构的变化。尤其是在数字技术出现以后人类进入信息化时代，在生产力革新方面出现与以往三次科技革命完全不同的场景，信息技术成为改变产业格局和劳动模式的关键，而围绕信息技术展开的新式经济中"人"的地位越来越突出，精细化、个性化、准确化得到各行各业的集中关注。传媒隶属于第三产业，以服务为主要内容，强调"受众"在信息传播过程中的地位及其在商业活动中的市场价值，尤其是在互联网普及应用之后，受众身份出现转变的同时其地位也得到提升，饱含着商业价值的"用户"一词顺理成章地成为网络人群的新名称。实际上，大部分依托于网络平台而生的应用媒体都具备商业属性，并通过点击率来实现经济利润的实现，这也正是媒介团体使用用户理念优先于受众理念的原因，市场价值是成就全媒体平台服务体系形成的永久动力。

媒介产品的多样化是技术发展的鲜明标志，从大众媒体时代到网络信息时代，媒介产品实现从单一的平面设计发展成为5D影像，从电视节目发展成为短视频，从放映机、电视机发展成为手机、电脑，媒介与人的关系从彼此分离发展成为"人机合一"。在纸质媒体流行之初，人工印刷是主要加工程序，将文字和图画等做成版、涂上油墨后印在纸张上形成的报

① ［荷］E. 舒尔曼. 科技文明与人类未来［M］. 李小兵，等译. 北京：东方出版社，1997：1.

纸、杂志、书籍等传统印刷媒体，以实物的形式流通。① 随着人们对接收信息要求的增多，只能展现静态文字符号的印刷媒介无法满足人们的期待，逐渐被能够适应人类更多感官功能的广播、电视等传统电子媒体所取代。在信息传播过程中，以往出现的任何一种媒介都曾因为地理空间的限制而阻碍了信息的自由流动；但是，网络媒体继报刊媒体、广播媒体和电视媒体之后，真正完成一场超越空间障碍的革命，从而终结地理上的差别。② 在此基础上，新媒体借助网络媒体的传播脉络实现满足人类更多感官需求的传播方式，视听和读写作为传统接触途径逐渐被拓展为包括情绪调节、行为参与的体验式传播，让以用户为单位对象的个性化服务逐渐显露头角。

保罗·莱文森认为知识不仅能用来解释世界更应当用来改造世界，而改造世界的知识中主要的构成部分就是科学技术；技术的进步让人类对社会的认知边界得以外延，通过已知的方式继续探索未知事物才能发现新的社会价值；在社会发展的进程中，人们不断寻找可以满足自身需求的实物，创造能够适应发展的生存环境和生活条件，而媒介的进化就是人类不断认识和改造现实来满足需求的集中体现。媒介技术实现媒介功能尤其是社会功能的延展，传统的信息载体开始扮演实现公共利益的社会公器，社会资本分布与流动在线上和线下两个领域中展开。在线社会资本通过网络媒体的广泛分布实现不计次数的传播和分享过程，整合性平台提供的信息资源则是充分完善线上知识结构的基础性保障。一方面，人们通过搜索等行为来寻找信息满足自身的信息需求，知识能够通过技术平台向人类传播，实现知识存在的社会价值；另一方面，网络社区的存在能够不断汇集人们的意见、观点、看法等，实现知识的收集和反哺。媒介环境学派代表

① 邵培仁. 传播学 [M]. 北京：高等教育出版社，2007：206.

② [美] 文森特·莫斯可. 数字化崇拜：迷思、权力与赛博空间 [M]. 黄典林，译. 北京：北京大学出版社，2010：80.

人物英尼斯就曾提出，任何媒介都存在时间或空间的偏向性，并且作用在社会组织形式上。在此基础上，麦克卢汉认为媒介的新形式对人类感知也存在影响。① 作为技术的大众媒介从最初的报刊到如今的互联网甚至是移动媒体，都在朝着人性化、社会化的方向改进，社会需要是这个技术改进的核心，像马斯洛的层级需要理论提及的那样，互联网正在不断研发出能够满足人们不同层级需要的要求。

20 世纪 50 年代开始出现"精准化"管理模式，数字技术提出的精准化目标主要针对用户服务方面，通过描绘出不同个体或群体的用户画像，在总结用户特征的基础上挖掘用户市场的商业价值。在媒介社会化背景下，网络不仅仅是人们进行信息分享的工具，更多地应用在日常生活中，如交通路线查询、考试报名、线上教育、生活缴费等日常活动都可以通过集成化平台来操作完成。"由于媒介的技术和工具属性决定着信息的物理形式、时空范围、速度快慢和量的规模，而媒体的社会组织属性则使媒体能够自主地生产和传播信息，决定着信息的内容；这一前提决定媒体不仅是具有感受性、意向性的信息传播工具，也是具有能动性的信息生产加工主体。"② 新媒体的多样化形式将媒介的精细化特征体现得淋漓尽致，网络媒介的出现将人们集中在一起，在隔离现实因素的环境下让人们掌握主动权，将媒介对用户的管理分散到每一个个体手中，通过自我管理的方式来实现。另外，网络媒介将人们日常生活中接触的行为、活动、项目等集中在网络空间，人们通过一种媒介就可以实现同时从事多种社会活动的愿望，让不同的个人需求或社会需求得到满足。

3. 平台：公众参与

2006 年，美国《时代周刊》年度人物评选封面上刊登出一个大大的

① 刘建明. 媒介环境学理论范式：局限与突破［D］. 武汉大学学报（人文科学版），2009（3）：376－380.

② 金梦兰. 媒体的社会责任［M］. 太原：山西人民出版社，2015：19.

“You”和一台 PC；并对此解释说，社会正从机构向个人过渡，个人正在成为“新数字时代民主社会”的公民。2006 年的年度人物就是“你”，是互联网上内容的所有使用者和创造者。① 网络时代，个人成为世界范围内媒介社会的重心，人们正在通过网络媒介改变或者塑造一个新的世界，而给予他们能力的正是网络空间中多样化的媒体平台。自媒体从出现到具备理论意义的概念所用的时间相比于其他媒介形态更短，社会个体的传播欲望和网络技术的创新升级共同造就自媒体平台的迅速发展。谢因·波曼和克里斯·威里斯认为自媒体是普通大众通过数字技术与全球性的知识体系相连接之后，出现的用于理解普通大众如何提供与分享他们本身事实、新闻的途径。② 媒介平台的出现是真正意义上传播活动的新变化，人们通过网络媒介中的社交平台被赋予新的活动身份，可参与式行为方式的增多和行为范围的扩展成为决定媒介平台地位提升的决定性因素。

长久以来，人们使用媒介最大的目的在于获取信息，而网络出现后，人们发现在媒介平台中不只有信息的存在，还有更多有助于社会个体发展的功能，于是热衷于在网络平台中活动和停留，人们的参与度让媒介出现新的社会角色。网络社区的出现成为新媒体能够参与社会治理的另一个重要领域，人际传播从现实关系转移到网络平台的泛化关系中来建立，“交互式”概念的提出将人们在网络空间中的交际关系塑造成能力的象征。这些媒体的平民化、私人化特征为公众提供自主表达的途径，借助网络数字技术相关的硬件设施和软件应用，人们以普通网民的身份逐渐适应在网络空间关注社会事件、参与社会治理，同时，网络媒介的交互性为这一切的实现提供了发挥的平台。个性表达和意见集合是自媒体平台的显著功能，对社会个体而言，每一个人都需要社交，平台是浏览和观看外面世界的方式，更是接触和联系外面世界的桥梁；对社会群体而言，平台是人员的集

---

① 王明生，等．当代中国政治参与研究［M］．南京：南京大学出版社，2012：502.

② 代玉梅．自媒体的传播学解读［J］．新闻与传播研究，2011（5）：4－11＋109.

合，更是意见的集散地，只有通过交流和碰撞才能实现组织给予个人的知识提升能力。

Blog、网络论坛、Podcast、Wiki 和 Vlog 等被归类为社会化媒体，原因在于它们具有实现人们彼此之间进行观点、意见分享交流的功能，虽然它们的媒介形态和信息呈现方式各不相同，但是互动介质的特性与社会化媒体的本质特征相一致。而网络用户的集体参与就是社会化媒体最为显著的特征，传统媒体重在“表达”，以网络为代表的社会化媒体则重在“交流”，社会个体在网络空间中的互动是网络媒介的社会功能得到延展的前提条件。新媒体向人们提供的媒介服务不是单方面的信息输出，在将线上信息资源分享给网民的同时也在通过网民而获取新的信息资源，在这个过程中，网民通过参与媒介平台的方式实现其作为社会化媒体的功能和公共责任。公共性利益是社会化媒体真正关注的事物，由于世界范围内千千万万的社会个体虽然生活在同一个空间中，但是自然因素、经济条件以及政治差异的限制而无法兼顾公共利益的普惠状态。社会化媒体让人们在网络环境中相遇，在传播信息、观点、意见方面的主动意识增强，参与主体的个体单位基数和群体的信息交流指数在互动过程中都为公共性议题的出现提供了条件，从而再将公共问题摆在人们都能触手可及的位置，自然而然地实现了社会大众参与机会的均等化。

媒介平台的出现让人们拥有参与社会事务的可能，而网络媒介中的多样化平台则是让人们在网络空间中以“公众”的身份参加正式的、程序化的公共事务，新媒体成为成全社会大众身份转化的重要介质。一直以来，“每一种新媒介都把以往旧媒介作为自己的内容”，但是在网络平台出现之前，传统的媒介并不具备有效的双向互动能力，电视、电话、唱片机和收音机传递的内容都是言语的传播。① 语言的交流固然实现了人们交往的现

① ［美］保罗·莱文森．数字麦克卢汉：信息化新纪元指南［M］．何道宽，译．北京：社会科学文献出版社，2001：58.

实，但是它的表现力和传播范围依然受到环境因素的影响，并且在语言交流的层面上没有实现专业媒介和受众或社会大众的交叉关系。但是，在新媒体出现后，专业媒体与受众之间的界限开始模糊，在线媒体的新形式给予用户极大的参与空间从而塑造出社会化媒体，传统意义上传播体系的“中心”与“边缘”格局被打破，信息网络技术的赋权功能愈加突出。赋权让社会治理的参与主体获得更多的发挥空间，具备多重身份的网民在利用网络技术参与公共议程的过程中更容易克服主体之间因为协同性不足而造成的服务不完整的问题，不同人员之间的信息匹配和服务对接工作都能够有迹可循。

无论媒介形态如何改变，从本质上来看，一直未曾改变的就是通过信息的传输实现人们自由而深入的交流。如果说网络的出现诞生出代表着独立的、能动的个体——网民，那么，社交平台的出现则是让网民再一次集结为有集体意识、有行动力的网络群体。人们在网络空间中成立或加入有着相似或相同点的群体中，借助群体的力量来实现个体自我价值表达的需要和参与公共事务的愿望，群体的意义被网络平台放大并超越它原本的现实范畴。人类的身份在进入网络时代后更加丰富起来，在网络环境中即为网民，在社区生活中即为居民，多样的身份标签实际上是人们在不同环境中展现出来的不同需求；当人们在网络环境中需要信息时就会主要承担传播者的角色，当人们在社会环境中需要物质条件时就会主要承担生活者的角色。因此，在网络信息时代，无论是哪一种媒介平台的存在都呈现出一种共同的现状，即公众参与的实现；人们以社会主体的身份在社会治理过程中活动，新媒体的社会属性、公共属性在社会主体与社会环境的互动中得到提升。

第二章　治理理念的流变

1976年，美国政治学家詹姆斯·马奇和约翰·奥尔森共同出版了《组织中的二重性与选择》一书，用以阐述公共组织管理中出现的相关问题，书中首次出现“治理”一词，并在20世纪90年代开始普及应用于公共政策等相关领域。① 在此之前，无论是中国还是西方，治理虽然没有明确地以固定词组的形式出现，但从未在与人类活动相关的历史中缺席，处于不同历史阶段的人们为达到定国安邦的统治目的而不断努力，他们的这些活动续写着治理理念的层层演进。时至今日，面对着网络媒介大行其道的全球化背景，地理环境和社会条件的差异让不同国家和地区呈现出多元化的治理理念及治理方式，那么，了解什么是现代国家的治理内涵成为理解新媒体与社会治理关系的前提。“治理”的说法从何而来？在我国历史发展中有着怎样的变化流程？治理和社会治理之间存在什么联系？从社会管理到社会治理的过程中发生了哪些转变？社会治理具体包括哪些内容和参与主体？“善治”是如何被提出的以及如何保障？围绕这些具体问题，本章将会对社会治理的相关概念进行梳理和解读。

一、“治理”的提出

“治理”的出现与人类活动和社会变迁息息相关，初具规模的社会性行为出现后则开始产生对群体进行控制管理的要求。早期的治理观念源自思想家和哲学家，他们关注社会发展运行机制的秘密，尝试营造自然的价值和维系国家的存在。因此，无论是从诸子百家到独尊儒家的东方国家还

① ［法］让-皮埃尔·戈丹．何谓治理［M］．钟震宇，译．北京：社会科学文献出版社，2010：15.

是从柏拉图到韦伯的西方，都留存着一条清晰的治理脉络。

1. 中国古代的“治”与“理”

从时间排序来看，“治”字在中国古代史料里的使用明显早于“治理”一词的出现时间，在统治者控制管理的通识意义出现之后，开始存在“治”“理”“治理”并用现象，但都包含控制、整治、管理的含义。自古以来，治理就是通过社会媒介而表现出来的，只不过这种媒介从客观事物过渡为主观与客观相结合的状态。在《说文·水部》《汉书·地理志上》和《汉书·地理志下》中出现过相关记载，认为“治”字的本义原为水的名称；“理”字的本义是指攻玉的方法，在《说文·玉部》中有清晰的记载，即“理，治玉也”。① 此后，春秋战国时期“治”字开始带有治世、治道的政治统治意味，“理”字通过诸子百家的演绎逐渐演变为遵循规律、规则的意思；各家政客为迎合封建统治的需要创造出新词“治理”。由于诸子百家通过思维论战和游说活动形成各具特色的治世理念，现存流传典籍中明确记载的“治理”一词，其释义也多有差异，其中，儒家、道家和法家的治世理念拥有较为完整的理念体系，多为后世引用。例如，《孟子·滕文公上（卷五)》中出现的“君施教以治理之”，是对社会管理方式的关注；《老子注·五章》中提到的“天地任自然，无为无造，万物自相治理”，是对社会管理体系的认识；《韩非子》中论及的“其法通乎人情，关乎治理也”，则是对社会管理模式的探究②。

汉武帝刘彻被认为是中国古代封建集权统治的“开风气者”，主要原因就在于他在治国理政方面做出了一些对后世影响深远的举措，其中，最具有影响力的当数将孔孟之道提升为奠定国家统治基础的政治理论的做法。自此开始，儒家的德治教化学说成为国家层面的指导思想，开始走上

① 卜宪群．中国古代“治理”探义［J]．政治学研究，2018（3）：81－86.

② 此处三个相关典籍节选内容援引于李龙，任颖．“治理”一词的沿革考略——以语义分析与语用分析为方法［J]．法制与社会发展，2014（4）：5－27.

与政权相结合的道路，而汉武帝在尊儒的同时，还积极采纳百家意见、重视法治。汉宣帝是汉朝治国方略——“霸王道杂之”的直接提出者，据《汉书·元帝纪》记载：“汉宣帝正色曰：‘汉家自有制度，本以霸王道杂之，奈何纯任德教，用周政乎。’”① 汉初统治者的一系列治世行为被认定为帝王治术的起始，对此后封建统治者产生深远影响。继汉武帝之后，唐太宗李世民开始主张立君为民、君为民主，于是将治理民众问题放置在治理之本的位置上，最终得出“得民心者得天下”这一重要经验。此后，“治天下者，以人为本”② 成为贯通整个封建统治时期的政治方略，被历朝历代的封建统治者采纳，这种累计的社会效果将民本论推至一个全新的高度，最终制造出历史上出现的“开元之治”“康乾盛世”等清明鼎盛时期。

自古代文明诞生以来，如何呈现出安居乐业的统治气象就一直是文人士大夫致力完成的事业，而“治世”“治道”等治理理念正是由我国古代思想家和政治家创造出来的。作为迎合封建统治需要的一定历史发展阶段的产物，“治世”强调政治统治采用的治理理念，“治道”重视统治者使用的治理方法。这些治理举措在一定程度上帮助当时的统治者实现了百姓安居乐业的社会状态，但依然受到自然经济和封建制度的限制，没能实现国家建设意义上的突破性进步。自汉朝进行了一系列加强中央集权的措施之后，对治理理念和方法的适应和改善逐渐受到封建统治者的重视。例如，唐代在钱财和政务方面的细化分割、宋代对治国经验的重视以及在明清时期对“治理”的理解作为人才选拔的科目等，这些举措表明“治理”并非完全是西学东渐的舶来品，我国自古以来就对“治理”有着积极的认识和探究，并将益民益世的、符合社会发展规律的治理方法视为治国理政的必需品。封建社会中绝对的集权统治方式和完全的自然经济模式，在清朝中

① 马平安．中国政治史大纲［M］．北京：新世界出版社，2015：169－170.
② （唐）吴兢．骈宇骞译注．贞观政要［M］．北京：中华书局，2011：190.

后期帝国主义洋枪洋炮的攻击下轰然崩塌，传统的治理理念在社会制度和经济体制的猛烈变化中迎来西方文化思想的冲击和考验。

19 世纪以来，西方各国先后完成工业革命，航海技术的提升和对世界性商品倾泻地的需求，驱使着他们走上对外扩张的殖民道路，打破清王朝封建统治的事实就是在这样的背景下出现。第一次鸦片战争将清王朝从闭关锁国的天朝美梦中直接拉入世界市场，“天子皇权”沦落成为西方列强控制国家的傀儡，让所谓的统治沦丧为压迫百姓的控制手段。半殖民地半封建社会的社会环境让百姓长期处于水深火热的状态中，残留的农耕文化与突然涌入的西方文化发生激烈的碰撞，试图挽救清王朝统治的士大夫举荐的“中体西用”管理方法并不能改变当时的统治危机。在康、梁主张的君主立宪制失败后，认识到西方国家先进文明的仁人志士开始探索全新的、合理的国家治理模式。然而，清王朝的结束和中华民国政权的建立并没有将革命成果得以巩固，此时建立起的民主观念在随后的动荡环境中再一次被破坏。在一批又一批的革命者中，孙中山将西方共和体制引入中国，在 1912 年开启宣传民主的中华民国的新纪元，他为近代中国设计出“权能分离”的治国理念，通过法律形式确立民主、公众等概念和地位。孙中山认为国家是全体国民的事，是“政”，政府是管理国民之事的机构，是“治”；人民有其权，政府有其能；前者的目的在于实行“全民政治”，使人民能够管理政府，后者的目的在于实现“万能政府”。①

中国古代治理史与中国古代政治史的发展轨迹几乎一致，原因在于从奴隶社会到封建社会，国家主人的头衔只不过从奴隶主过渡到封建统治者，而整个封建社会的发展中更是以初始为著。恰如古书所说：“中国之教，得孔子而后立。中国之政，得秦皇而后行。中国之境，得汉武而后定。三者皆中国之所以为中国也。自秦以来，垂两千年，虽百王代兴，时

① 马平安．中国政治史大纲［M］．北京：新世界出版社，2015：229 – 237.

有改革，然观其大义，不甚悬殊。”① 自黄帝时起到秦始皇统一六国，中华政治文明始终处于萌芽阶段，直到汉承秦制之后中国古代历史时期的治国理念才成形并固定下来，随后的各朝各代虽然在原有的基础上不断地进行政治体制及政治机构等方面的调整，但是都没能突破最初设定的传统政治治国理念而出现新的发展。如今，我们通过史书按图索骥来完成对中国古代治理的回顾存在不可避免的缺陷，大部分留存下来的历史资料通常带有王侯将相的传记色彩，以血缘为主线的家族伦理占据主要位置，无法呈现出当时国家、社会的完整图景。然而，即使史料中记载的内容尚不及一幅《清明上河图》展现的市井气息浓厚精彩，却依然较为完整地将中国古代政治治理的发展脉络呈现在人们的眼前，为把握治理理念变化的史实线索提供了有价值的参考依据，起到承前启后的过渡作用。

1840 年，完成工业革命的英国用洋枪洋炮打开清王朝的国门，世袭制的封建统治开始动摇，针对改变国家政治体制的革命拉开帷幕。1911—1949 年，不断涌现的各类大小资产阶级政权都没能改变中国半殖民地半封建社会的现实，更无法谈及对国家治理的进一步规划，直到中华人民共和国成立，我国才算是真正意义上实现建立人民政权的愿望。中华人民共和国成立初期，通过有效的阶段性规划实现在社会治安和社会风气方面的治理目标，但是在此后较长时间里，由于国家经济面临着巨大的发展困境，社会治理在取得成效的同时也付出巨大的代价。无论是按照从古至今的时间脉络还是平行而视的空间格局，任何国家的社会治理理念都与本国的政治体制紧密相连，社会治理的体系、方式离不开政治因素的影响，却又在历史范畴中表现出与政治史不同的一面。通过梳理治理理念在历史上的流变可以发现，在史书典籍的记载里源于自然而又用于社会，但是任何能够为人们带来美好生活的历史时期，无疑是将“百姓”放在首位的，这告诉我们，社会治理理念的健康运行必然坚持为人民服务的理念。

---

① 杨琥．夏曾佑集（下）［M］．上海：上海古籍出版社，2011：947.

2. “治理”在西方的发展

西方的“治理”（Governance）概念，被视为与现代治理概念在释义上最相近的解释，它来源于古典拉丁文和古希腊语的“引导”（steering）一词，解释为控制、操纵、掌舵、指引，主要是指国家管理公共事务和政治活动。① “治理”在西方世界伴随着权力统治者的变更而被赋予不同的含义，尤其是在中世纪时期，相继经历过“城主—教皇—国王—议会”的统治过程，治理通过参与主体发生变化而得到不断的丰富。依据在治理过程中治理主体的不同，统治者身份地位的差异决定着政权的利益接收群体，不同时期的治理原则表现出明显的差异，而管治对象则是从城邦过渡到国家，并且形成一套有序的、整体的管理方法，具备公共意义的治理模式开始形成。城邦是西方国家的最初形式，城堡建筑成为统治权力的象征以及统治区域划分的标志，因此，早期的治理主要表现为一种城区化的、自给自足式的管理模式。此时，民主在西方国家的政治统治体系中表现为“圆桌会议”形式，主要参与成员由国家的贵族组成，他们针对国家中的主要问题进行讨论和交流，但真正把握国家统治权的依然是具有绝对信仰力量的军事统治者，这是冷兵器时代农耕文化主导的必然结果。

西方历史文化中，从传统的封建君主统治到后期具备现代意义的民主意识的出现是一个几经波折的过程，尤其是“民主”在西方国家的实现依托于公众对共同参与的认知思维的形成，作为“文明时代的政治产物”，拥有普遍的社会认同成为治理理念实现的前提，而西方世界的民主认知则是在文化运动中培养出来的。14—16 世纪的文艺复兴将新兴资产阶级正式搬上历史舞台，中世纪的“黑暗时代”被这场思想文化运动所洗礼；随后而来的 17—18 世纪，启蒙运动的出现则是资产阶级致力解放思想文化的抗争高潮，经过几个世纪接连不断的斗争和努力，欧洲社会才实现改变教会

① 李龙，任颖．“治理”一词的沿革考略——以语义分析与语用分析为方法［J］．法制与社会发展，2014（4）：5－27.

和封建统治的愿望，在这一过程中涌现出众多为治理理念革新起到奠基作用的重要人物。1748 年，孟德斯鸠提出“三权分立”学说，打破“君权神授”的观点垄断局面，“法”的存在价值开始被社会认可，其中，“法”的含义不仅指我们现在熟知的法律，也包含管理国家的方法；这种对“法”的地位与价值的肯定让法治的观念开始出现，作为具有普适性价值的社会标准和行为依据得到管理者和社会大众的普遍认可，这些创造性观点也为后来西方各国资本主义社会治理模式的建立提供了基础性的参考和依据。

在孟德斯鸠提出一系列关于法治的观点后，他再次提出法分为自然法和社会法，这种划分方法将法的存在建立在更加细化的基础上，为后来法治和民主关系的讨论埋下伏笔。在此基础上，19 世纪的马克思·韦伯则是将社会法与社会政治进行结合，从而实现国家治理的又一次跨越；他将“法度”放置于超越社会政治的层面，认为“法”是国家治理健康运行的根本性、稳定性依据，韦伯将与治理相关的参与主体和权力类型进行概念化处理，开始从社会政治和社会法的结合层面过渡到对社会治理的理论升级，他的这种做法无疑是将治理进行独立思考的一种象征。随后，韦伯在名为《政治作为一种职业》① 论文中的一系列定义，清晰地将国家、政治和权力之间的关系展现出来。于是，以国家政权为主的早期社会治理模式逐渐形成，这种倾向于权力主体的治理模式成为管理者、控制者的维权工具。另外，社会环境和国家政权的表现形式是影响早期社会治理模式成形的关键，虽然“民主”“人民”“民权”“公众”等词已经进入西方国家的治理体系中，但是致力资本扩张和工业发展的资产阶级政权对如何完善民主问题依然处于探索阶段，社会环境的新变化和生产模式的更新对国家治

① 马克思·韦伯关于政治社会学的一篇影响力较大的论文，他在该篇论文中定义了“国家”的概念，认为国家“拥有合法使用暴力的垄断地位”，而政治则是“任何会影响到控制暴力的权力分配的活动”。

理理念的建立提出考验。

关于“治理”，早期讨论集中在古希腊时期对王权统治和国家理法的争论，在这一时期，是哲学家出于对“国家”的建立和运行的内部机制探索，主要集中在如何建立国家、建立何种形式的国家以及国家的行政机构和制度建立等，例如，在柏拉图的《理想国》、亚里士多德的《政治学》和修昔底德的《伯罗奔尼撒战争史》中，都曾对“城邦自治”的治理模式进行过记载和讨论。此后，西方世界开始进入中世纪的教皇时代，由此拉开长期的“以神之名”进行的宗教式国家管理，直到霍布斯、洛克等开始强调“君主”“政府”的存在才动摇这种治理模式的统治基础。毫无疑问的是，启蒙运动将资产阶级和人民大众带到社会发展的前端，“理性崇拜”的热潮让自由、民主、平等的思想在欧洲大陆上扎根，随后而来的一场场资产阶级革命彻底打破现有的统治阶层，塑造出具备现代治理雏形的社会治理理念和模式。而19—20世纪的西方世界则开始陷入对欧洲大陆的土地资源和海外市场“你争我夺”的赛跑中，拉动机器工业的生产力发展和倾泻多余的产品成为国家的主要任务，人们都需要通过市场交易改善总体消费情况来改变自身的经济处境，资产阶级主导的国家治理模式在这一阶段逐渐转向服务于工业技术发展为主的方向上。

虽然西方世界有关于社会治理的思想源泉来自欧洲大陆，但是沉溺于生产力提升而带来巨大经济利润的西方世界在较长的时间内执着于海外殖民地的扩张和管理，这使得早先形成的关于国家治理、民主政权的思考停留在研究阶段而没有及时进入国家政治体制的实行阶段。与此同时，第一次世界大战的爆发消耗了欧洲各国治理理念的使用环境和成长空间，对政权的争夺让这些突破专制的治理理念被带往美国本土，最终在美国的资本主义社会中成熟起来。实际上，在“波士顿倾茶事件”之后美国的资产阶级就已经开始尝试脱离殖民者统治，并在美国革命时期将源自欧洲的民主理念和共和制进行普及，随后，伴随着本杰明·富兰克林、托马斯·杰斐逊等人的努力，民主意识在这片土地上普及为被人们认可的国家体制。此后，伴随着欧洲殖民帝国势力的日益衰落以及多次反殖民战争的影响，在经济基础、人才集中及政治民主环境形成的基础上，美国的国家管理体制达到可以充分发展的条件和氛围，有效地解决了当时国内存在于不同社会群体之间的阶层矛盾、地域矛盾等，为“二战”后公民参与的民主政治制度的形成埋下伏笔。

二、现代社会治理理念

古人云：“以史为镜，可以知兴替；以人为镜，可以明得失。”① 现代社会治理理念在对治理主体、治理模式和治理体系的多方研究的基础上，凝练出适合现代国家发展的“善治”观念。我国在改革开放的40年里，不断制定适应时代发展的目标与政策，在从“社会管理”转化为“社会治理”的基础上继续创新社会治理方式，从而更好地实现为国为民的治理目的。

1. 两种认识：哈耶克 & 马克思主义

在有关社会治理的相关理论中，哈耶克关于社会秩序和自由主义的论述以及马克思的“国家—社会”理论，对后来现代化社会治理理念的形成具有重要启示，对区分和理解民主制度、国家政权、行政体系等极易混淆的概念极为重要，其中，哈耶克关于发展中国家与自由主义之间关系的论述对社会治理理念的本土化问题提供了理解依据。哈耶克在1960年出版的《自由秩序原理》②（*The Constitution of Liberty*）中提出，“并不是西方历史发展的所有成就都能够或都应当被移植于其他文化基础之上”，西方知识分子出于对自由的信仰而推动文明，而向西方学习的人学习到的不是建构

① 引自《旧唐书·魏征传》中唐太宗李世民的一段话，该句原文为：“夫以铜为镜，可以正衣冠；以史为镜，可以知兴替；以人为镜，可以明得失。”

② 本文采用的译名是邓正来翻译的名称。

文明的方式而是成功引发的替代性梦想，其获得的短时成就会阻碍自我创新的机会。① 哈耶克对社会秩序和国家政权的认识证明了先进理念和治理方式“本土化”的重要性，片面照搬照抄西方国家的现代革命路径和民主实践方式是存在理论漏洞的，任何不能“接地气”的主观认识都无法实现对客观存在的积极改造和创新升级。

探讨“自生秩序”（spontaneous order）和“人工秩序”（artificial order）是哈耶克对社会秩序和国家治理方面的一个重要关注，他强调“自生秩序”② 的存在和重要性，认为自发性的自然秩序在自由主义社会理论中处于核心位置，他反对为建构理性的目的而盲目地滥用理性，引文无论是从生理方面还是从心理方面来看都存在思考极限，这就决定了自生秩序在社会治理应用中优先存在的必然性。政府和社会个体之间的关系以及“自生秩序”的发挥在信息时代得到以往任何媒介都无法给予的空间环境和发挥条件，网络媒介参与社会治理就具备了理论上的必然性，由于在线资源大多属于分散式知识，因此，网络媒介便成为自生秩序主要的演艺平台，也成为社会环境中最容易集中和吸引分散式知识的平台。对人们能否适应自身建构的社会秩序的问题在自生秩序理论中也给出一种看法，人们创造出来的社会秩序更为具体、更为直观，带有明确的服务目的和服务意志；而自生秩序则是由于自发性演进而产生，其复杂程度远超于人们能够把握的范围。

哈耶克关于社会秩序的看法虽然对社会治理存在一定的启发意义，但是依然限制在自由主义的范畴之内，而马克思主义者所讲的“人权”和“民主”可以被视为其内涵的质变，因为其所指的“人权”和“民主”是包括广大劳动者在内的整个社会所有人的人权和民主，而不是局限于少数资产阶级的人权和民主。马克思关于“人权”和“民主”的思考具备现代

① ［英］哈耶克．自由秩序原理［M］．邓正来，译．北京：三联书店，1997：3.

② “自生秩序”是哈耶克在《集体主义经济计划》一书中提到的一种现象。

意义，尤其是对发展中国家来说，需要考虑的是在自由主义范畴内形成的社会治理理念与自身国家政治体制是否相适合的问题，社会治理理念不仅是国家体制、政权性质的体现，也会受到自身文化的影响，一个民族或国家原有的文化思维会影响其对人权、民主、公众等词语的理解以及演绎方式。马克思对人权的解析主要是从资本主义社会私有财产这一角度切入，他看到这些名词背后存在的生产关系和利益分割，资产阶级政权属性决定无法剥离的民主也同样带有其色彩。现代国家的社会治理理念源自西方国家众多哲学家、政治家的思考和批判，在理论层面具备指导社会大众行为、进行国家管理和社会治理的能力，然而，在实践层面，却需要依据各个国家的具体情况考虑实践理论的本土化问题。

马克思、恩格斯从资本主义生产力角度出发理解“国家”的定义。一方面，马克思认为国家虽然强调人权，却没有真正地创建出实现人权的基础，这是由于现代国家通过普遍人权承认自己的这种自然基础，而它并没有创立这个基础，现代国家既然是由于自身的发展而不得不挣脱旧的政治桎梏的市民社会的产物，所以，它就用宣布人权的办法从自己的方面来承认自己的出生地和自己的基础。① 另一方面，马克思认为资本主义社会标榜的自由并没有为其社会提供社会自由，其自由更多地体现在资本主义市场竞争中，而并没有在广泛的社会权利中得以实现。毕竟自由竞争是实现资本主义社会自由的基础，但是在存在阶级的社会中，以自由为核心的人权也是带有阶级性的。原因在于“这种个人自由同时也是最彻底地取消任何个人自由，而使个性完全屈从于这样的社会条件，这些社会条件采取物的权力的形式，而且是极其强大的物，离开彼此发生关系的个体本身而独

① 欧阳向英，等．马克思恩格斯全集（第二卷）马克思主义世界政治经济基础理论研究［M］．北京：人民出版社，1957：145.

立的物”①。与不完全形式的民主一样，资本主义社会的人身自由也只是一种看上去、自认为自由的状态，实际上却是对个人劳动力的榨取方式。

对民主，马克思认为民主的实现程度就是一个国家真实性的体现，如果国家没有民主，那么国家也就不是真实存在的。同时，对在资本主义国家里生活的无产者来说，资产阶级把他们看作生产过程中的一个参与元素——“劳动力”，那么按照财产状况分级规定公民权利的资产阶级统治的国家形式就是民主共和国。虽然无产阶级也需要民主的形式，但这种形式和一切政治形式一样只是作为一种手段而存在，只有社会把国家政权重新收回，把它从统治社会、压制社会的力量变成社会本身的生命力，人民组成自己的力量去代替压迫他们的有组织的力量，人民群众才能获得社会解放，这样一种政治形式才是真正的民主。② 马克思、恩格斯提出社会主义具有真正的人权和民主，设想出无产阶级社会的生存场景和生活状态，将对民主的理解上升到超越现有国家的概念之上，人们对社会有了一种全新的认识。在现代社会主义国家的社会治理中，由于媒介的原因，参与社会治理的主体变得更加丰富，人们在参与公共事务方面的主动性让人权和民主出现新的表现形式，真正做到将权利交到人民的手中，成全社会治理在媒介化环境中的理想场景。

马克思主义“国家—社会”理论以探讨国家与社会关系为核心，通过对资本主义国家的社会秩序和国家的制度实行方面的探讨而成为后期社会治理理念的基础理论之一。伴随着物质生活水平和精神文明素质的提升，“治理”的含义也得到丰富，除了社会治理之外，还有国家治理、政府治理等不同说法，虽然概念的种类增多，但是这些基本含义在我国政治话语

① 《马克思恩格斯全集》第46卷（下），人民出版社1980年版第160－161页，转自：欧阳向英，等．马克思主义世界政治经济基础理论研究［M］．北京：中国社会科学出版社，2015：220.

② 欧阳向英，等．马克思主义世界政治经济基础理论研究［M］．北京：中国社会科学出版社，2015：222－224.

体系和政治语境下本质上具有一致性。治理的根本出发点是人民的根本利益，都是在运行和发展过程中实现人民主权和人民民主专政的政治本质；治理共同遵循依法治国的基本方略，以法治思维运行治权；治理有着共同的目标指向，即巩固马克思主义在意识形态领域的指导地位，巩固全党全国各族人民团结奋斗的共同思想基础。① 即使在现代国家的社会治理过程中，媒介化成为社会治理方式的介入因素，治理方式的丰富让社会治理的范畴得到延展，也并没有因为方式的改变而造成其治理本质的动摇。

2. 从管理到治理

管理的概念一直伴随着国家发展而不断变化，在党的十一届三中全会做出把全党的工作重心从“以阶级斗争为纲”转为“以经济建设为中心”的科学决策的基础上。1988 年，邓小平同志在全国科学大会上提出“科学技术是第一生产力”的论断，由此，社会经济建设成为国家管理中的重点工作。同时，1998 年“社会管理”概念在官方话语体系中首次出现，并被明确定位为政府的主要职能之一，随后，在 2002 年中共十六大以及 2011 年中共中央国务院下发的《关于加强和创新社会管理的意见》等国家活动和国家政策法规中将政府的职能明确下来，“社会治理”概念在这个过程中逐渐成形。② 社会治理已经成为现代国家的重要议题，“推进国家治理体系和治理能力现代化”③ 成为全面社会改革过程中的关键。时时关注着社会治理的相关问题，及时调整以满足国家发展和人民生活的实际需要。采用数字政府、智慧政府等新理念，并创新性地提出服务型政府、回应型政府等工作模式。此外，党和国家从制定政策法规层面出发以法律形式进行

① 王浦劬．国家治理、政府治理和社会治理的含义及其相互关系［M］．国家行政学院学报，2014（3）：11 – 17.

② 蔡潇彬．变迁中的中国社会治理：历程、成效与经验［J］．中国发展观察，2019（1）：30 – 34.

③ 2013 年，中共十八届三中全会做出全面深化改革的战略部署，明确提出“完善和发展中国特色社会主义制度、推进国际治理体系和治理能力现代化”的总目标。

完善和调整，如《中共中央关于深化党和国家机构改革的决定》和《政务信息系统政府采购管理暂行办法》等，从而确保政府工作的公开透明、及时有效。

自2012年中共十八大召开以来，政府工作由“社会管理”理念过渡到“社会治理”理念，改善民生和创新治理成为关键环节，这成为我国在社会治理道路上的一个重要节点；因此，社会各界对“社会治理”概念的关注日益增多，对社会治理模式创新的思考也越来越多。正处于社会转型时期的中国，在各方面相继出现一些超越人们认知水平的现象，这不仅要求政府及时有效地完成管理方式的升级更新工作，也对在现有环境下参与社会治理的社会主体和使用的新方式提出要求。网络媒介的出现让互动交流成为关于治理话题的“热搜词”，实际上，沟通、互动一直都是治理主体之间、治理主体与治理客体之间的必然选择，网络媒介被人们注意到的原因在于互动方式在不同发展阶段的依托载体和表现形式不尽相同，社会制度的创新和基本公共服务职能的优化都是推进有利于国家、服务于人民的社会治理体系形成的前提。在我国特色社会主义建设进入新阶段的重要历史时期，结合新出现的技术条件和社会发展形势变化，不断丰富人们对具备现代意义的社会治理理念的认识，在社会范围内形成对社会治理理念的普遍认同和熟练把握，对通过新平台、新方式积极参与的社会主体提出新要求。

社会治理的内涵是随着社会环境的变化而不断进化的。原始社会时期，人类的生存环境表现为部落形式，以血亲为代表的伦理关系在社会关系体系中占据主要地位，为抵御外部袭击保障生存而出现的家庭聚集催生出最初的社会管理者——“首领”。奴隶社会时期，国家开始出现，大小不一的城池聚集在一起成为一个整体，奴隶的出现让社会开始分化为奴隶和奴隶主，在奴隶主中产生的管理者被认为是社会管理者。封建社会时期，人类文明进入一个新的时期，国家的概念因为人们对土地和生产力的欲望而得到延展，封建君主成为国家的管理者的统治思维开始渗透到社会环境中，人们认可国家统治者的社会管理权成为自然。随后，在资本主义社会时期，人们理解“国家”内涵的角度呈现出多样化的状态，民主、人权等象征着个体权利，凸显群体利益的词语被提出，并且将它们与国家政治、社会管理等内容相联系，但是，生产力和生产资料的占有和归属问题让人们对民主的呼唤产生怀疑。社会治理是从社会管理进化而来的，它强调的不仅是社会治理理念的独立性，更是关注社会环境、社会发展等因素与人类进步之间的深层关系，无论是最初的原始社会还是如今的世界格局中多元化的社会治理方式，都不能离开其所在的国家体制和政治体系影响。

社会治理并不是单一的治理体系，它是国家治理整体布局中的一个重要部分，社会治理的效果好坏对国家发展的影响更胜从前，社会治理的治理主体和治理客体都离不开社会环境的制约，如何协调社会主体之间的关系也对社会环境有着关键性的影响。《中共中央关于全面深化改革若干重大问题的决定》中首次出现具备现代意义的“社会治理”一词，并提出“推进国家治理体系和治理能力现代化”；这一转变是社会管理向社会治理的过渡，标志着党对国家和社会关系的重新认识和定位。如何在这样的社会环境中协调各方社会主体进行有效的社会治理成为现阶段国家治理整体布局中的关键环节，在参与社会治理主体多元化、网络舆论影响社会治理的情况下，具备保障性的社会治理体制和公共性的社会治理格局的建设首先得到关注。

在相关指导思想的基础上，根据网络媒介参与社会治理的新形势，使用能够有效解决以网络舆论为代表的具有针对性的方法，从而化解和规避媒介可能带来的社会问题和社会风险。这些新变化既是我国社会发展进步的必然结果，也是人类在社会变迁过程中的积极努力，人们在社会治理过程中不断更新参与社会治理的介质，新介质的出现不仅为社会治理的参与主体和参与方式带来新意，也对社会治理提出更高的要求，尤其是在经济领域的变化最为突出，让如何实现社会治理模式的全面性、整体性建构得到关注。生产力的问题一直被视为关系到治理体系稳定性的基本要素，其原因在于社会治理并不是单向度的线性工程，而是一个多角度展开的系统工程。市场经济的出现则是促使社会治理体系升级换代的一项基本前提，经济条件的变化拉动社会治理模式出现最为直接的转变和创新，主要表现在对社会治理理念中经济发展路径上的一些创新。在我国，社会治理理念包含“完善党委领导、政府主导、社会协同、公众参与、法治保障的社会治理体制”“推进社会治理精细化”“构建全民共建共享的社会治理格局”① 等内容。

科学技术在社会治理理念中的分量不可忽视，从 1956 年的“向科学进军”，到 1978 年的“科学技术是第一生产力”、1995 年的科教兴国战略，再到 2016 年的“为建设世界科技强国而奋斗”，科技与国家的发展、社会的治理、民族的进步密切相关。在计算机普遍应用之后，数字技术改变世界发展面貌的速度逐渐加快，从最初的几十年缩短为十几年甚至几年，时间单位的急剧压缩让社会治理模式在技术环境的驱动下处于“被快速”的转变中，技术的不确定性和社会发展潜在的风险性让人们意识到如何在媒介化的背景下实现社会治理理念的创新成为现代国家的新挑战。我们党要“善于运用互联网技术和信息化手段开展工作”，这是习近平总书记在强调“全面增强执政本领”时提到的②；由此可见，互联网技术和社会治理工作之间的联系将会越来越紧密。通过网络平台倾听社会大众的心声，了解

① 援引自 2015 年 10 月 26 日至 29 日，中国共产党第十八届中央委员会第五次全体会议审议通过的《中共中央关于制定国民经济和社会发展第十三个五年规划的建议》。(https：//baike. baidu. com/item/中共中央关于制定国民经济和社会发展第十三个五年规划的建议/18710964？fr = aladdin)

② 此处所述与十九大报告相关的内容摘选自人民网文章《学习十九大报告：全面建设和运用互联网》（作者：宋建武　陈璐颖）。（http：//media. people. com. cn/n1/2017/1020/c14677 – 29599620. html）

社会公众的政治需求和生活需求，为更好地利用新媒体提高公共服务质量提供依据成为党和国家在完善社会治理体系工作中的一项重要内容。

3. “善治”的说法

具备现代化意义的“善治”①（Good Governance）概念出现在20世纪90年代的美国，这一概念是在西方国家关于民意研究的基础上提出来的，简单地说，关于“善治”的概念有很多。比较具有代表性的有世界银行（IBRD）、国际货币基金组织（IMF）、联合国开发计划署（UNDP）等机构以及部分学者在20世纪末21世纪初提出较多与治理相联系的说法，并在治理概念的基础上进行一般意义上的治理与“善治”的区别，从而界定出“善治”的概念。（见表2-1）在这些“善治”概念中，具备三点共性特征，即对于政治主体或者国家管理层的社会管理权力和责任的明确，强调在社会治理过程中国家制度、国家法治建设的重要性，以及关注社会大众或者市民群体对国家治理的公众参与问题。最早将“社会治理”概念引入中国的是俞可平，他在国外社会治理理论的基础上归纳出新的概念，并且根据社会治理的特征总结出“十个善治要素”②。他认为所谓“善治”

① 此处关于“善治”的概念参考百度百科内容整理而成，学界认为主要的来源有三个：其一，中国传统政治语汇，与“善政”的说法无差别；其二，新的治理理论和对英文 good governance 的翻译，强调社会管理的多元化；其三，俞可平的总结，其主要的概念是“公共利益最大化的管理过程”，认为善治的实现是政治制度的终极目的。（https：//baike. baidu. com/item/善治/2326405？fr = aladdin）

② 此处关于善治的十个要素援引自俞可平的《善治的十个要素》（《南方人物周刊》2008年第31期）。具体包括：合法性——政治秩序和公共权威被自觉认可和服从的性质和状态；法治——法律成为公共治理的最高准则，在法律面前人人平等；透明性——政务公开或基本政治信息的透明；责任——管理者应当对自己的行为担负基本的公共责任；回应——公共管理人员和管理机构对公民的要求做出及时的和负责的反应；有效——管理的效率；参与——公民的政治参与，也包括公民对其他社会生活的参与；稳定——意味着国内的和平、生活的有序、居民的安全、公民的团结、公共政策的连贯等；廉洁——主要是指政府官员奉公守法、清明廉洁、不以权谋私，公职人员不以自己的权力寻租；公正——指不同性别、阶层、种族、文化程度、宗教和政治信仰的公民在政治权利和经济权利上的平等。

就是指“政府与公民对公共生活的合作管理，是政治国家与市民社会的一种新颖关系，是公共利益最大化的公共管理”①。此外，国内对“善治”概念进行本土化研究的还有陈广胜②、何哲③等，他们从不同的角度出发，既有对善治进行了贴合环境的理论概括，也有创新性地分析善治理论在中国的实际应用情况。

表2-1 “治理”和“善治”概念总结一览表

对治理和善治的界定④		
来源	什么是治理	什么是善治
世界银行	“决策和国家行使权威的过程和制度”	三个关键领域中的包容和责任：“权威的选择、责任和更替（言论和责任、政治稳定和非暴力）”；制度、规制和资源管理的有效性（规制框架、政府有效性）；尊重制度、法律，以及公民社会、商业和政治中的参与者互动（控制腐败、法治）

① 俞可平．社会管理最佳状态是“善治”［N］．齐鲁晚报，2011-05-31.

② 陈广胜在《走向善治》（浙江大学出版社2007年版）一书中对“善治”概念进行了概括，他分别从治理主体、治理目的、治理方式、治理结果四个角度出发，定义善治可以细分为“善者治理”“善意治理”“善于治理”“善态治理”。

③ 何哲在“善治”的复合维度［J］．公共管理与政策评论，2018（5）：43-54．一文中写道：善治是在多个维度同时实现与构建的体系。而善治的实现应是高度复合的垂直复杂结构，必须同步实现信仰、自由、信任、公正、秩序、生存六个层面，才能达到“善治”的目的。其中，信仰解决人的最终价值与归宿问题，自由解决人在现世的追求与理想状态，信任提供个体的现世群体归宿，公正体系形成基本的社会状态判断，秩序体系形成基本的行为规范和社会结构，生存体系是最基本的社会存在基础。

④ 该表格源于 Merilee S. Gridle. Good Enough Governance Revisited”，Development Policy Review［J］．2011（29），S1：199-211//王浦劬，臧雷振．治理理论与实践：经典议题研究新解［M］．中央编译出版社，2017：78-79.

续表

对治理和善治的界定		
来源	什么是治理	什么是善治
联合国开发计划署（UNDP）（1997）	“经济、政治和管理权威的行使，以管理国家事务的各方面。由机制、过程和制度组成，公民和团体以此表达其利益、行使其合法权利、履行其义务并调节其分歧”	特征是“参与、透明、责任、效率和公正提升法治、保证政策、社会经济的优先是基于社会的广泛共识，并且在分配发展资源的决策中听取最贫困和最脆弱群体的声音”
国际货币基金组织（IMF）（2005）	“受限于治理的经济方面在两个领域：提升公共资源管理，支持透明和稳定的经济和监管环境的发展，有利于私营部门的有效活动”	“确保法治、提升私营部门的效率和责任性，以及反对腐败”
英国国际发展署（DFID）（2001）	“制度、规则和国家体系（行政、立法、司法和军事）是如何在中央和地方层面运行的，以及国家是如何同公民个体、公民社会和私营部门相关的”	“治理的七个关键能力：运行为所有人提供机会的政治体系，影响政府政策和实践，提升减贫所必需的经济增长，实现利贫社会，保障有效基本公共服务的公平及普遍提供，保障个人的安全，负责任地管理国家安全，安排、发展诚实和负责任的政府”
美国国际开发署（USAID）（2005）	“政府发展高效、有效、负责任的公共管理过程，开放公民参与，强化而非削弱政府民主体系”	民主政府：“透明、多元、决策中的公民参与、代表性和责任性；特别关注五个领域：强化立法、去中心化和民主地方治理、反腐败、民军关系以及提升政策实施”

续表

对治理和善治的界定		
来源	什么是治理	什么是善治
Hyden et al.(2004)	“管理公共领域的正式和非正式规则的形成，通过国家与经济、社会参与者的互动来进行决策”	“可以在六个场域（公民社会、政治社会、政府、科层、经济社会、司法）从五个维度（“参与、公平、得体、效率、责任与透明”）进行衡量
Kaufmann（2003）	“为了公共利益通过正式或非正式传统和制度的权力行使，因此包括：（1）选择、监督和替换政府的过程；（2）形成和实施有效政策及提供公共服务的能力；（3）公民和国家对管理经济以及各方社会互动的制度的尊重”	可以从六个角度（言论和外在可靠性，政治稳定和无暴力、犯罪和恐怖主义，政府高效，无规则负担，法治，控制腐败）进行衡量
Hewitt de Aleantara(1998)	“一定领域内的权力行使对广泛的组织和活动的有效管理包括建构共识、取得同意，或是默许在不同利益存在的场域中进行一个项目”	这一过程将结合下述因素：对改革更具创造性而非技术性的理解，对制度和程序的变化展开更多对话，对公共领域（国家和公民社会）以及如何对其加以巩固的更多关注，促使经济政策和制度改革更为一体，更为关注影响治理的国家和国际因素

任何历史阶段的社会形态以及发展水平都存在不可比拟的差异，正如在伦理优先的封建时期，封建社会以君臣伦理为国家统治的关系层级核心一样，在信息为主的网络时代，社会治理成为任何网络媒介使用者都可以参与的事情。作为社会治理理念出现的“善治”一词，就是依据现代社会

的政治、经济环境和生态条件衍生出来的产物，所以，它具有注重经济条件、注重公共利益、注重法治建设等时代性特征。另外，在以封建社会为代表的传统社会中，统治主体和客体是有着明确的统治者和被统治者阶层烙印的分离且对立的两个群体，主要表现为君与民形式或者官与民形式。然而在现代国家中，无论是发达国家还是发展中国家，由于网络媒介的介入而不能再采用简单的二分法进行划分，在社会治理过程中不同社会主体之间的关系也不再是单纯的对立关系，而是呈现出复杂的网络化关系。所以，现代社会治理理念的出现实际上打破了原有的二元对立的绝对式划分方法，社会主体之间的关系更多地表现为协商合作的模式。回到治理理论层面，善治被认为是国家权力向社会的回归，它要求公民积极参与，致力于在还政于民的过程中通过合作、协商、伙伴关系等方式形成一个政民互动的合作网络。①

格里·斯托克（Grey Stoke）认为，治理的失效导致善治目标的出现。无论是政府、社会组织还是民众，过分依赖权利，都会导致社会治理的初衷异化，即使拥有自治网络，政府的治理行为也有可能面临着失败的风险。为了有效地应对这些已知的、未知的情况发生，维护社会稳定和满足社会需求，“善治”的说法出现了。② 实际上，治理是一个伴随着国家政治发展的概念，从古至今已经经历过与人类社会发展史几乎无差的变化过程，在这一过程中，借助于不同的社会媒介介质，在个体与个体、个体与国家、国家与国家之间出现了一个重要的共生方式，即“合作”，而其中最重要的是人们对于“合作”的理解和认同。在初期阶段，参与主体之间始终保持着互动状态，尝试性和好奇心成为多方主体的行为驱动力；而伴随着新鲜感的消逝，合作型的治理方式才能进入由感性接触到理性参与的

① 车凤．中国新闻媒体社会治理功能研究［M］．北京：中国传媒大学出版社，2014：60.

② 格里·斯托克．作为理论的治理：五个论点［J］．国际社会科学（中文版），1999（2）：19－30.

阶段。

1995年，全球治理委员会（Commission on Global Governance）发表了一篇名为《我们的全球伙伴关系》（*Our Global Neighborhood*）的研究报告，这篇报告对“治理”做出清晰的界定，奠定了“善治”理念出现的基础。报告中指出：“治理是个人和公共或私人机构管理其公共事务的诸多方式的总和，它是使相互冲突的或不同的利益得以调和并且采取联合行动的持续的过程。”① 在此之前，人们比较认可的治理概念通常是从国家政治角度出发，强调国家管理层对行政职能的划分以及对从文艺复兴时期流传下来的“民主”意志的坚守，而这一概念补充和完善了参与主体的构成及作用。现代治理定义的制定扩充了共同在社会治理的过程中行使权利的基础，这主要是针对现代社会已经发生变化的环境因素，不仅是各国政治经济发展水平的变化，更多的是对全球化的考量，20世纪末，网络媒介的出现以及各种政治、经济区域化组织的诞生，让国际环境因素对一个国家尤其是发展中国家来说影响力逐渐增大。同时，通过追逐公共性利益的最大化，多元治理理念的出现和流行伴随着技术的发展得到更好的实践。“包括政府和一切社会自治性力量在内的公共组织，都应当是服务于公共利益的，在维护和增进公共利益的共同目标下，它们应当开展广泛的合作，共同去营建合作治理的模式。”②

多元参与主体的出现让社会治理方式和社会治理模式的贴合度更高，这种能及时适应社会环境变化的特征，可以调整组织行为和社会性标准之间的偏差，也打破了知识分享行为的活动空间限制，可以用于分享的机会变多，社会资本的使用效果得到提升，呈现出社会总体的发展态势。然而，社会进步速度的加快，却暴露出能够支持一项理论完成验证应用的时间和空间处于匮乏的状态越来越明显的问题，尤其是面对技术驱使下社会

---

① 全球治理委员会．我们的全球伙伴关系［M］．香港：牛津大学出版社，1995：1－3.
② 张康之．走向合作治理的历史进程［J］．湖南社会科学，2006（4）：31－36.

生态对治理效果约束力越来越高的事实时，如何制定社会治理模式来践行治理预想成为人们需要解决的关键。另外，网络媒介与社会治理理论的变化轨迹有着相差无几的发展步调，尤其是从20世纪末开始，网络媒介一跃成为会对社会发展产生作用力的存在。尤其是在网络舆论出现之后，人们在网络平台中参与对社会事件的讨论，让事件本身从一个被媒体报道的焦点逐渐发展成为席卷社会大众观点、看法的“态度发酵物”，从而反作用于现实环境中社会事件的发展态势，形成一个符合实际的社会治理“方式雏形”。

互联网融入社会治理的过程就是将治理方式与媒介技术紧密联系在一起的过程，自21世纪以来，网络媒介参与国家管理的方式就相继经历过从网络问政到网络理政，从服务型政府到回应型政府的阶段。这些使用网络媒介完善社会治理的做法，无疑包含着国家和社会主体对通过技术元素实现人们有效地、全面地、积极地为社会大众提供服务，帮助社会大众解决社会问题的期待。同时关注并精准定位社会大众真实需要的重要性，网络舆论的出现被视为“民意的集合”。由于网络媒介被人们当作网络空间的公共领域，一旦有让网民感同身受的话题出现就会形成带有情绪性特征的网络舆论，而这些网络舆论的出现也恰恰是现实社会管理中上下互动沟通淤塞现状的一种反映。概括地讲，“一劳永逸”“毫无破绽”等静态属性的词语都不能用于说明现代国家的社会治理特征，因为治理手段的可适性并不是无限量的，它势必会伴随着时空条件的改变而发生变化，尤其是社会治理涉及的参与主体、治理方式等都存在复杂性。那么，将社会治理视为动态发展过程，有依据、理性地遵循客观发展规律，在适度范围内进行制度规范和结构调整，依然是治理过程中时虑时新的事情。

第二篇

前因描述篇

第三章　中国的“转型”

“转型”成为我国现阶段发展建设中的重要背景，面对社会转型的发生，人们的行为方式、价值观念也出现相应的、明显的变化，这主要是国家经济、国人情绪、国民意识等多种元素的共同作用造成的结果。我国社会转型的影响体现在人们生活的方方面面，转型是我国现阶段面临的影响力最大的社会背景，强经济的出现是我国现阶段最为突出的社会现实之一，但也为社会发展带来了潜在的隐忧。

一、国家经济

技术—经济秩序被视为现代社会秩序的基础，它不仅是拉动经济产业健康发展的主力，还是确保整个社会系统稳定运行的基础；在当下网络经济日渐繁荣的情况下，清楚地认识到技术—经济秩序的存在是把握我国经济发展现状的前提条件。面对我国经济发展正处于高速运转阶段的现实，如何准确地判断经济发展速度和社会基本情况之间的关系，以及清晰地认识到强经济可能带来的潜在风险，也将是把握转型期经济发展对社会大众活动影响的关键所在。

1. 技术—经济秩序

现代化国家的社会秩序体系中存在政治秩序、经济秩序、文化秩序等多个组成部分，其中，“经济秩序”主要是指市场经济秩序，市场经济秩序具备全球化的特征，属于一种国际经济关系体系。20 世纪 60 年代后，“平等互利”开始成为发展中国家提出的世界经济发展过程中的主要目标。现有的世界经济秩序体系是建立在已经发生过的三次工业革命的基础上，资本主义经济秩序一直占据着主导世界经济体系的角色，长久以来，世界市场经济发展格局未曾发生过改变，以致经济秩序处于相对的、理想化的静止状态。网络技术的出现成为打破原有经济格局的重要力量，不仅使全球经济市场格局发生着变化，各个国家的产业分配也因为技术产业的兴起而出现根本性的改变，庞大的经济资本与实在的经济体出现脱离状态，科技在影响生产力的基础上甚至直接发展成为生产力而创造价值。以科学技术为驱动力的创新产业逐渐渗入各个生产领域，其中，信息产业已经从 web2.0 阶段迈进新一级的通信网络，出现物联网、5G 技术、虚拟现实及人工智能等新兴产业。对媒介领域而言，如何通过新媒体实现用户的消费升级成为媒体集团新一轮的发展倾向，而关注媒介在社会治理过程中参与方式的技术性调整变化则成为社会转型时期的“新起点”。

国际货币基金组织（International Monetary Fund，IMF）发布的《中国经济 2018 年度报告》中指出，中国经济继续表现强劲，并在数个关键性领域的改革中取得进展。① 值得注意的是，在 2018 年，我国国内生产总值（Gross Domestic Product，GDP）为 900309 亿元，居民消费价格指数（Con-

① 该报告由国际货币基金组织 IMF 在华盛顿发布，并且报告中具体指出，中国 2018 年的国内生产总值增长率预计将为 6.6%。总体通胀仍保持在 2% 左右的水平上，预计今后将逐步上升到 2.5%。

sumer Price Index，CPI）为102.1（上年=100）。① 虽然通过国内生产总值和居民消费价格指数并不能完整、详细地描述出一个国家的经济发展情况，但是在经济全球化的世界市场中，这两项数值作为衡量标准时具有代表性和普适性。其中，以科技为主要驱动力的第三产业的占有比例最高，并且自2010年以来伴随着信息、生物、文娱等科技类和消费类新兴产业的丰盈而表现出短时、快速的增长势头。第三产业中的传统产业，如以旅游业、教育业、医疗业为主的各类服务或商品，在新媒体技术成熟以后开始在网络平台中建立属于各自的行业应用软件，截至2018年年底，网络平台中在线教育、在线医疗服务已经初具规模，形成各自的服务体系。此外，这些行业发展范围的扩大都和新媒体介质有着联系，一方面，技术成就传统行业的更新换代，实现专业水平的提升；另一方面，信息产业技术的发展创造出更新更广的传播平台，通过媒介的新形态为它们提供新的盈利模式和发展体系。

《2017中国数字经济发展报告》明确指出数字经济发展变化的趋势，2016年的全球发达国家（美、日、德、英）数字经济占GDP比重在50%左右，美国在数字经济规模方面居世界首位，超过10万亿美元，占GDP比重高于58%。② 数字经济在整体经济体系中超过一半的占比数据表明，世界已经进入数字化时代，不单单是在传播领域呈现出数据库的技术形式，其影响范围和力度无疑是对传统经济模式的冲击和挑战。其中，科学技术是支撑数字经济形成的基石，技术的发展拉动一项新的经济产业的兴起，而这种新型的经济产业也会对整体经济产业格局和经济发展环境产生影响。技术—经济秩序下的市场经济在技术的发展驱动下表现出改变国家生产结构和生产方式的可能，社会资源的再分配和经济产业格局的再调整

① 该组数据源自国家统计局网站中的GDP和CPI数据（http://data.stats.gov.cn/search.htm?s=GDP）（http://data.stats.gov.cn/search.htm?s=CPI）。

② 中国信息化百人会发布的《2017中国数字经济发展报告》。

都面临着与以往截然不同的环境要求，以机器人、无人机、定位雷达、人脸识别为代表的新兴技术产业让传统的管理模式和盈利方式面临挑战。数字经济的出现源于人们对日常社会中便捷性、适应性的极度追求，人们期待技术改变生活的愿望实现，并且愿意运用技术手段来解决高耗能、低产出的重复性工作和生活问题，从而让数字技术赢得发展空间和巨大的市场需求，在信息传播领域出现的机器人写作就是代表之一。

技术的先进性不仅表现在对已有的产业模式的进一步推动，还突出表现在新事物的衍生方面，例如，游戏、动漫产业在互联网出现之前已经拥有自身的制作流程，然而由于漫画书、游戏机、动画片等媒介载体在传播的过程中受到不同条件的制约而难以扩大产业规模和目标消费群。又如，在二次元文化产业中，从绘画使用的数位板到浏览漫画的专业 APP，技术让文化娱乐的消费市场从彼此分隔的小圈子通过媒介平台形成有完整产业链的大圈子。在此基础上，新兴的消费市场聚集大量的新用户产生新一轮的市场需求，从而培养出一批成长迅速的专项企业和聚合社区，如光宇游戏、抖音视频、哔哩哔哩弹幕视频网站等。另外，技术的创造力还表现在对资源的优化配置方面，尤其是凭借移动网络而出现的共享经济，一度被认为是网络技术与实物资产有效结合的典范，企业通过资源分享的方式，不仅实现物品所有权和使用权的进一步分离，还提高现有资源的利用率及合理分配的可能性。平台型商业模式的兴起离不开新兴技术的硬件支持，物联网等革命性技术手段也开始进行商业布局，网络经济的发展已经成为经济产业创新升级的关键。

关于经济发展和科学技术的关系一直备受关注，科技和经济同时作为国家治理中的重要课题，二者之间的协调统一成为人们探究的主要方向。早期人们开发科学技术的直接目的并不是促进经济发展，而是为更好地解释自然世界和哲学领域中难以解答的问题；此后，通过科学技术的方法实践经济生产以及发展科学技术产业，才让技术—经济秩序付诸实践中发挥作用。伴随着科学技术对人类社会影响程度的加深，人们的视线和注意力开始随着科技带来的社会成果而发生转移，信息通信技术的出现为相关数字技术产业的布局提供基础条件，面临着技术革新的大趋势，传统产业和部分大型经济体也开始出现产业数字化的转型。人们对社会发展与科学技术之间联系的关注增多，不仅仅是对其在经济领域中的贡献，还有对包含社会秩序问题在内的相关社会科学的关注。社会性问题一直被认为是政治管理层面的主要内容，但是新技术的出现打破了这一认知，治理主体的多元化让社会与个体、组织的关系更加密切，在人们的认知中社会问题开始成为需要关注和解决的自身问题。

结合现代化发展程度来看，“现代社会秩序的确立是社会经济、政治、文化各领域关系的新的结合方式的形成，而作为基础的是技术—经济秩序的建立”①，处理好科学技术与经济发展之间的关系，才能让社会转型和社会治理的过程更加顺畅。而社会秩序作为一种不断变化的、平衡有序的社会状态，无疑是一切社会活动展开的基本前提，技术—经济秩序作为社会秩序的一种，它既是一种社会规律也是一种社会创新。简单地说，技术—经济秩序是以技术为驱动力的经济关系为基本的社会秩序，它是社会秩序体系中的一部分；在信息时代中，技术—经济秩序的存在与信息通信产业的数字化发展相适合，从而造就信息产业的蓬勃发展。同时，与网络普及相应相生的新技术必然会带来新的经济模式，虽然依托于信息技术而建立起来的新经济模式依然带有在伦理应用上的诸多问题，但无论如何这种说法的出现都标志着科学技术和经济发展不可分割的关系，彰显出人们对科学技术认知的提升和重视。尤其是在媒介化社会形成的环境下，数字化和产业化之间的结合以及人在数字时代的表现与产业的转型升级密切相关，通过技术—经济秩序的成熟运用以达到实现现代社会秩序的完善目的成为

① 技术—经济秩序的说法援引自李淑梅的《现代社会秩序的确立与人的自主发展》（南开学报 1998 年第 4 期第 1 – 8 页）一文。

国家产业目标，也是期盼社会发展的人类认知进步的一环。

2. 强经济的“偏向”

美国政治学家萨缪尔·亨廷顿提出，现代性产生稳定，而现代化产生不稳定。这意味着经济社会的变迁速度和发展程度影响着整个社会秩序。① 实际上，社会规范和价值观念属于上层建筑，相比于社会经济发展具有一定的惰性和滞后性，另外，上层建筑的变化也会受到来自经济条件的影响，新兴产业的出现让经济形态呈现出多样化的发展趋势，社会结构也必然会因此有所变化。对社会主体而言，更容易适应社会经济条件的改变，而在适应社会规范和价值观念变化方面则相对较弱，如果社会经济条件与社会主体的价值观念不能处于同一发展层面就可能发生社会结构失衡的问题。传统市场机制的出现刺激社会生产力的提升和劳动力市场的活跃，以信息技术为代表的新兴产业的繁盛是我国经济快速发展的代表，也象征着我国市场经济结构的调整。市场经济健康有序的运行是社会进步的主要动力，但不能将经济条件视为判断社会进步的唯一标准，在社会转型时期对经济发展状况的判断不能带有偏向性，既不能忽视经济因素的产业升级，也不能片面地认为经济发展代表一切。另外，技术条件作为拉动经济发展的重要因素，在产业创新方面一直被寄予众望；但是，社会转型对新技术产业的成长则处于机遇和挑战并存的阶段，在新兴产业的带动下涌现出不少有待考验的新型经济形态。

共享经济的发展经历，就是现阶段国家经济发展和社会大众素养之间存在落差的具体体现，作为生产力发展进入繁盛阶段的新型经济形态，共享经济的出现是强经济态势下的“文明产物”，却因为在企业管理和消费者素养方面存在预估缺陷而陷入泥潭。新兴产业的大面积出现一方面是技术条件的成熟，另一方面是市场环境的允许，共同造就市场经济格局的变

---

① ［美］萨缪尔·亨廷顿. 文明的冲突与世界秩序的重建［M］. 周琪，等译. 北京：新华出版社，2010：34.

化和产业分布，变化中的经济环境在与消费者联系的过程中也因为消费者行为的不成熟而受到影响。以发展势头最为强盛的 ofo 小黄车和摩拜单车为例，短短的三年时间里二者就都出现了由盛转衰的态势，在 2018 年面临着资金断裂或被收购的危险局面。① 由于共享经济是一种典型的高阶段经济形态，所以，它的存活与发展需要依托的条件则更高级，尤其是对整个社会的文明程度和每个社会个体的文化素质。而单车在短期内出现高频率的破损、报废现象，则与社会大众缺少爱护公共事物、公共环境的基本素养有直接关系，这就反映出在社会治理的过程中，由于经济发展与价值观念存在着发展速度不一致的特征，高速经济发展不一定带来同等效力的社会认知的结果。

十九大报告中指出，“我国经济已由高速增长阶段转向高质量发展阶段”，目前正处于转变发展方式、优化经济结构、转换增长动力的攻关期，“稳中求进”成为我国下一阶段经济发展的工作总基调。② 经济条件对社会治理的重要意义不仅在于提供给人们在物质生活方面的保障，更为重要的是由经济条件的变化而带来的社会环境的改变，因此，制定经济发展政策才会显得至关重要。简单来说，这既是对我国经济发展现状全面、准确的描述，也是对我国未来经济发展的关键性指导，“稳”和“进”无疑成为这一阶段经济发展的关键字。在我国市场经济的新一轮发展中，技术成为影响产业发展的关键，尤其是信息通信系统的更新升级，直接影响到我国信息安全体系的建立和运行，在强经济的背景下兼顾稳定性、安全性、适应性的要求才能保障产业的健康发展。但是，由于经济发展与上层建筑之间存在的不一致性，提醒着我们在高速经济发展的背后可能潜藏着复杂

① 前瞻产业研究院相关报道《2018 年中国共享单车行业发展现状及市场格局分析　涨价或将成为企业另一发展出路》，内容源自其发布的《中国共享单车行业市场前瞻与投资规划分析报告》（https://bg.qianzhan.com/trends/detail/506/190111-e-77b3ed6.html）。

② 马忠玉．我国经济迈向高质量发展阶段［J］．中国金融，2018（2）．

的社会问题，需要参与社会治理的主体人员共同给予关注和提前预防。

无论是从国家经济发展政策制定的角度出发还是从市场经济产业升级的角度出发，都能够看出我国正处于经济社会超速发展的阶段，经济条件的提升有效地改善了原有的生活水平和消费方式，以电商为代表的更多服务型行业开始出现，消费者的购买方式和消费观念都发生了变化。鲍德里亚认为在繁华丰盛的物质条件下运行的社会体系是"消费社会"，在消费社会中，相比于真实直接的物质消费，人们更多的是在进行一种符号消费，而这种消费的消费主体是广泛的消费者，消费对象则是无处不在的文化。① 现如今，在强经济和媒介化的双重影响下，人们对经济和消费的认知却远不及发展条件的成熟和迅速，换句话说，人们的消费素养与经济发展速度呈现出"断裂"状态。人们面对经济社会的快速变迁会出现两种变化：一方面，人们原有的消费素养的成长速度落后于市场经济的发展速度；另一方面，超速经济的出现拉伸社会价值体系演变复杂，从而导致人们成为强经济发展态势下的"素质偏向者"。尤其是在信息时代，新媒体作为社会治理的使用工具，人们在社会规则相对弱化的网络空间中更容易出现对现有价值观念的怀疑和迷失，这对通过网络平台参与社会治理的社会主体而言无疑是存在意识风险的。

科学技术通过创造经济繁荣拉动社会进入更加系统化、民主化的阶段，但是网络技术尤其是数字技术、智能技术的出现一度被视为社会发生颠覆性发展的前沿动力，无论是媒体还是政府都开始以"重构"来形容科技的力量。然而，就像瓦尔特·欧肯在《国民经济学基础》中说的那样："科学必须搞清楚，一个国家或地球的一部分的工业化在哪一种经济秩序中开始，以及它怎样自发地改造了经济秩序。"② 科学技术的出现和进步固

① ［法］让·鲍德里亚．消费社会［M］．刘成富，全志钢，译．南京：南京大学出版社，2014：57－59.

② ［德］瓦尔特·欧肯．国民经济学基础［M］．北京：商务印书馆，2010：104.

然是社会经济发展中的重要因素，但是社会处于不断运行的整体发展状态，认识科技对社会经济发展及社会秩序的作用规律对处理社会治理过程中出现的问题更为重要。科学技术本身只是一种工具，在应用的过程中受到应用对象的影响而产生新的使用意义和价值；“科技的意义和功能并非仅仅由科技本身所决定，而是由科技和科技应用所处的政治、经济和文化的社会环境系统所决定”①，在科技带来便利条件的背后依然潜藏着我们未知的风险性效应。另外，现行的社会系统是一个整体，如果某一系统出现突出的发展变化，而其他系统仍维持自我运行的速度没有出现明显变化，各个子系统之间的发展速度不协调，也会对整个社会的健康运行产生影响。

“经济基础决定着上层建筑”的经典论断让我们再一次相信，技术—经济秩序无疑是社会政治秩序、社会文化秩序建设的基础条件，而在这种秩序之下强经济的发展环境也让人们出现在社会秩序建立和社会价值观念升华方面的“不成熟”。同时，我们在社会秩序的无形框架中进行着有规则的日常活动时，对秩序更多的是靠自觉性的感知而遵守，远不及实体化的钱货交易和技术学习的存在感强。此外，社会秩序也是伴随着经济发展情况、社会文明程度而不断运动变化的，就像通关游戏一样，每一次社会秩序的“升级换代”都需要社会各方面能力的整体提升，技术水平和经济状态不能成为推动发展的全部。而技术—经济秩序重要性的逐渐加强让现有社会秩序结构被外力推拉，这让以往经济发展与社会秩序之间的平衡关系开始“解读空隙”，这些认知上的空隙则成为社会问题产生的温床。当下，互联网在作为信息通信工具的基础上延展了商业范畴，电子商务成为技术经济的代表形式，而在电子商务平台不断丰富的同时，知识产权的创新与维护成为社会治理过程中的突出问题，人们在培养出无差别认知的唯

---

① 张成福. 信息时代政府治理：理解电子化政府的实质意涵 [J]. 中国行政管理，2003 (1)：13 16.

价格购买认知后，社会大众对金钱的认知严重影响了社会价值的意识建构。

二、国人情绪

自古以来，人们对资源分配有着是否平均的隐忧，对民主和平均主义之间关系的认识不够充分，而自改革开放以来，贫富差距日益成为人们关注的社会问题，物质条件差异让社会焦躁情绪逐渐蔓延开来。面对着“转型”这一特殊的社会背景，相比于可量化的、直观的经济条件，人们自身社会情绪、社会态度的变化更加值得关注。

1. 依然“患不均”

“不患寡而患不均”① 是孔子针对奴隶主统治而提出的一种税收思想。对奴隶主而言，在奴隶之间进行绝对的平均分配有利于维护他们的统治权威，但是，这对现代国家而言，绝对的平均主义则被视为一种历史的倒退表现。另外，不同国家之间的情况也不尽相同，片面地将一个国家实现的社会资源的分配情况完全移植到另一个环境中是不理想的。从理论层面来看，平均主义的不合理之处在于“否定差异”，它认为不同个体之间不存在客观的劳动差别和收入差别，这种想法源自对劳动力和“支出—收入”关系的理想化、主观性认知。平均主义片面的资源划分思维是忽视自然环境、生存条件等客观因素对标准化、绝对化限制的表现，绝对的平均思想使得他们忽视个体的支出代价和创造的劳动成果，不考虑由此带来的高效能、高质量的社会价值。而对信息时代，国家中的社会个体可以通过包括网络媒介在内的各种平台介质来实现参与社会活动的意愿，但是这种赋予

① 此句出自《论语·季民第十六》，原本是孔子提出的一种税收思想。原文为：“闻有国有家者，不患寡而患不均，不患贫而患不安。盖均无贫，和无寡，安无倾。”这段话的意思是：不论有国的诸侯或封地的大夫，都不应担心财富不多，只需担心财富分配不均；不要担心人少，而只需提防境内不安宁；财富分配均平，便无所谓贫穷；人民和睦相处，便不觉得人少；境内安宁就没有亡国的危险。

社会大众权利的做法并不意味着将社会资源在不进行区分的情况下按照个体数量进行独占。毕竟这种做法的存在不仅会导致社会资源因为盲目分配而导致浪费，也必然导致对积极的、高效率的劳动者的打击，强迫性地将参与劳动的和不参与劳动的、积极劳动的和消极劳动的个体捆绑在一起。

将民主等同于平均主义的认定方式同样是不可行的。简单地说，平均主义讲究的是绝对的物质资源分配问题，而民主则是容许差异化的公共利益的实现。此外，“我们的所有道德规范都是以我们依据人们行事的方式而给予他们的不同尊重为基础的”①。任何个体和组织本身都带有生理和心理上的不同，这些不同之处都带有一定程度的不可逆性，如果从这一事实情况来看，那么一切平均主义从根本上讲都是不道德的，因为他并没有将个体的“天生”和“后天”差异纳入考虑范围之内。此外，形式上的平均主义不能为存在差异化的社会带来实质上的助力，一旦实行绝对的平均主义，就不能通过个体差异的变化拉动社会在差异竞争中进步的缺少合理性的制度规划，自然无法推动社会的进步和发展，也就失去了服务大众的社会价值。

在我国，“患不均”带来的社会问题不仅在古代社会出现，现代社会的“患不均”现象是在改革开放取得一定阶段性成果之后开始凸显出来的。改革开放以后，我国的国家生产总值出现逐年递增的跨越式发展状态，并在2010年超越日本成为仅次于美国的世界第二大经济体。利益蛋糕越做越大的同时开始出现各种与利益相关的问题。人们尤其关注区域、行业方面社会资源分配不均的问题，认为自身或者地方的产出与所得不成比例，以地方区域为划分标准扩展成为社会化、区域化问题。在社会资源分配方面体现出的问题背后潜藏着人们对自身劳动收入和接受公共资源等方面的忧虑，这种由于所得缺失或较少而产生的不安情绪将人们引入对国家

① ［英］冯·哈耶克．民主向何处去？——哈耶克政治学、法学论文集［M］．邓正来，译．北京：首都经济贸易大学出版社，2014：195.

管理层面在公共事务方面给予力度有所差异的不理解，从而产生对社会治理方式的质疑和社会生活的焦躁感。而这个问题必然在信息时代更被关注。由于网络媒介的出现，人们开始选择将现实生活中的不安、焦虑转移到网络空间中进行释放，这种做法将大量的负面情绪和未解决的问题在模糊不清的状态下通过媒介发酵，最终形成影响现实发展历程的舆论，尤其是裹挟着负面情绪的负能舆论。

当然，要想让这种混杂着社会大众各种由于“患不均”而出现的情绪型舆论集合体减少出现的概率，最根本的方式就是提高和改善社会大众的生活条件。虽然，人们“患不均”的担忧源自对现实生活中物质条件的关注，但是在社会生活中人们不仅会受到外部环境的物质条件影响，还会因此形成属于自身的精神层面的独立认识。社会总体产值和社会平均产值的不断提升改变了社会的整体经济面貌和发展环境，但是对解决长期以来存在的社会资源合理分配的问题无法提供帮助，除了经济领域的影响之外，来自自然条件的束缚和对社会资源占有的不均衡等，终究无法有效地发挥处于分配不足范围内的劳动主体的调节能力。面对由于改革收益分配不均带来的问题，此时管理者首先想到的就是从制度上加以调控和治理，毕竟因为利益所得而带来的影响会直接体现在经济条件的改变方面。此外，人们对社会资源分配的担忧也会反映在因此而带来的社会性问题方面，有效地调整市场经济属性引发的社会问题固然关键，但是社会作为一个整体不仅需要解决经济领域的问题，而且人们出于对国家政治资源的关注则会表现为对社会生活中公正性问题的关心。

在人类社会不断演进的历史进程中，人们对社会生活中的各类公正性问题颇为重视，尤其表现在社会制度方面，其公正性问题始终得到人们的高度关注，这是社会大众参与社会治理的基础。自古以来，从低级的自然部落集合逐渐发展到初具国家形态的城邦统治，再到高级的、清晰的国家区域划分，人们在社会形态一步步的进阶中对如何建构和实现更好的生活环境而集中注意力。人们追求生活条件的改善、追求社会环境的提升、追求法律责任的完善，这些表现在现实生活中凸显的生活愿望，成为人们希望生活在公正的社会制度里而不断地设计和努力安排公正社会制度的原动力。在此基础上，分配被人们视为衡量社会制度公正性的基本前提，无论是作为个人行为准则还是社会制度设计和安排的原则依据而存在，人们对于“分配正义”的追求从未停止，这种追求让人们更加清晰地认识到分配正义并不代表着平均主义。由于正义的实现必然需要结合其所处的环境因素的影响，更重要的是源于社会个体的认知方式和意识形态，这就成为降低或消除在同一时段内人们对社会资源占有存在差异的忧患情绪，人们向往社会制度的公正、接受分配正义的现实决定着绝对的平均主义并不会长久地停留在人们的脑海中而延误社会发展的进程。

历史证明，社会资源分配问题的忧患意识一直存在，每一个历史阶段能够被人们发现并使用的社会资源都是带有一定限制的，而如何分配有限的社会资源成为治理过程中的难题。另外，不同历史阶段以及不同地域范围内存在的社会制度也不尽相同，这对社会资源的分配问题也存在着影响，由于社会制度的出现与人类的集体行为有关，社会制度作为人类集体行为建构的产物必然会影响人们对资源问题的认知思维和理解方式。这些前提向人们说明，在现代国家中，无论是实行哪一种社会制度，都不仅与人们最基础的社会生活紧密相关，而且更主要在于能够为人类的这种社会生活提供相配合的服务。此外，在现实的社会治理过程中，社会制度的公正性也体现在能够分配给社会成员的社会资源上，这些社会资源一方面将社会环境中的物质财富、政治权利等给予社会成员，让社会成员有所得；另一方面通过社会生活中的税收、罚金、政治义务等限制社会成员，让社会成员有意识地承担责任。在“利益—责任”体系中兼顾到人们在理解权利义务认识上的统一，帮助人们在社会资源分配问题上对占有结果形成理性认知也成为社会治理的难题。

2. 社会焦躁感

一直以来，人们通常使用基尼系数来说明国家贫富差距现象，但是由于社会转型带来的社会问题呈现出复杂化的特征，以及社会公众对基尼系数的不信任现象频发，这一指数的可信度受到了质疑。基于这种问题的存在，越来越多的研究倾向于联系相关部门和社会组织，以数据的方式来展示在经济发展过程中出现的社会性问题，共同制定能够描述社会贫富差距现象，说明社会公平公正问题的客观的、可信度高的数据，《蒙格斯报告五》① 就是在这一背景下出现的研究报告产物。该报告对我国近年来的社会贫富差距问题进行了更为详细的分析，明确地介绍了我国贫富差距已经超出“破坏拐点”，因为贫富差距而出现社会问题的风险性明显增高，如关于社会公平的问题（见图 3 – 1）及我们在前文就已经提及的社会失范问题。对社会资源分配的关注引发社会大众“患不均”的忧虑想法，而现实社会中由于社会资源分配而带来的贫富差距问题，则使得社会焦躁症在社会大众中蔓延开来，值得注意的是在网络媒介进入社会生活之后，借助互联网分布让这一情绪出现扩大的态势，网络空间中对情绪传播没有较为清晰的把关方式，信息的流通中带动着情绪的流动，网络媒介的情绪化速度既难以遏制又难以追踪。

造成社会焦躁症的原因必然是复杂的，其中涉及社会环境、社会价值观念、社会结构调整等多种因素，在众多关系到社会情绪产生的因素中，由于在物质资源占有和物质消费水平方面的差异性最为直观，贫富差距问题成为人们眼中最为突出的因素。正如前文中说到的那样，社会制度的存

① 《蒙格斯报告五》（全名：《蒙格斯报告之五：蒙格斯社会公平指数的构建》）是由惟道风险研究院联合中国行为法学会金融法律行为研究会、深圳大学风险研究中心共同推出的宏观经济研究成果系列报告。报告主要是从拐点经济学视角关注我国公平与贫富差距问题，构建比基尼系数更懂中国的蒙格斯社会公平指数和宏微观数据结合的贫富差距指数。（https：//www. mongoosereport. com/mongoose/title_ detail? title_ id = 122）

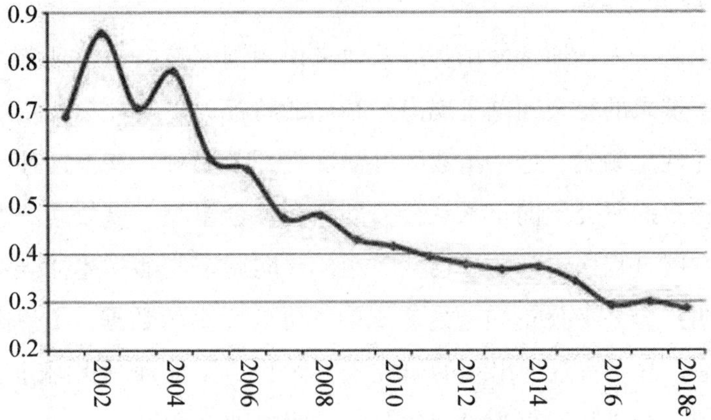

图 3－1 《蒙格斯报告五》社会公平指数

在是人们追求分配公正的一个重要基础，而贫富差距拉大则被视为经济分配不合理的表现。在信息时代，网络媒介成为大型的“信息集散地”，人们在网络平台中接触、了解与自身存在距离的新鲜事物，带着喜欢或讨厌的态度来看待在网络中获得的消息，以及在消息中出现的人物、事件或数字、场景。人们无法轻易改变自身在现实社会中所处的社会地位和社会价值，而试图创造自身新价值是社会个体使用互联网的重要初衷，而在网络平台中接触到的信息让人们认识到超越自身认知范围的贫富差距，在现实生活和虚拟空间带来的双重信息攻击下，人们更多地表现出前所未有的消极情绪。这些消极情绪的背后是真实存在的贫富差距问题，而带来的结果则是社会大众对由此而产生的对自身处境的质疑和对社会生活期待的落差感，从而表现为人们熟知的社会焦躁症。

社会情绪的出现不仅是由社会个体对自我情况的期待落差造成的，很大程度上也会受到来自集体的影响，尤其是在网络时代，网络平台中群体集合对身处其中的个人有着超越现实环境的说服力，身在网络群体中的个人更容易被带动情绪。由于“集体意向性”是人类集体行为的主要动机来源，个体的信念、意愿、情绪等要素会受到所处环境和集体的支配，绝大多数的个体会以群体的意志为主并跟随集体的变化而变化，个体调节能力的高低会因为对集体意志的追随而被忽视或搁置。个体在群体中会无意识地选择依赖群体，听从群体的安排，接受群体传递的思考方式和价值观念，如果群体中出现负面情绪，一旦得到不间断的交流和讨论就会出现群体性的情绪化表现，此时群体中的个体完全呈现出集体意向性的特征而淹没个人意识。新媒体平台的出现让“集体”呈现出全新的含义。一方面，传统的集体意识在网络技术提供集合平台的背景下有了新的集合模式和新的构成形式，以往在现实环境中的必备因素变得不再重要；另一方面，新媒体平台塑造出新形式的网络集体或者说是网络群体，它们与传统意义上的集体不同，完全生于网络，成长于网络甚至在网络发展过程中逐渐消失，集体形成的环境和模式的变化对身处于各种集体中的成员带来的影响越来越大。

实际上，网络舆论的发展方向能够体现出网民的社会情绪，原因在于网络舆论是网民的意见集合而不是事件本身，而化身为网民的社会大众带有自身的价值观念，他们当中的大多数的看法和观点就形成舆论，这些看法和观点中就包含着社会大众的个体或群体情绪。舆论关注的社会事件通常以热点形式出现，而这些导致人们观点聚集的事件通常带有关乎公共利益的特征，人们围绕事件既是在了解“别人的事”，也是在看“自己的事”，在此基础上迸发情感共鸣，倾向性地选择事件中的弱势一方，人们伴随着对事件了解程度的加深开始发生情绪上的改变，通常表现为从感同身受的同情发展到群情激愤的程度。在网络空间中形成的群体化情绪并不会因为人们脱离网络空间而消失，反之，这种情绪会被人们带入现实生活中经历再一轮的互动和意见交流，最终演化为现实环境中真实存在的、不易消散的社会情绪。媒介化社会的到来更加容易汇集人群，人们在虚拟社区中的相互依赖让人们倾向于在网络空间中寻找安全感，网络群体的存在让社会成员的个人情绪上升为社会情绪的路径也更加地直接便利，尤其是针对危险性事件而出现的负面情绪开始出现叠加和异化的现象。

除了贫富差距、群体意向、网络媒介等原因之外，由于社会转型让人们难以在短时间内适应社会高速发展的节奏，人们的思维活动和认知水平与社会发展进度呈现出不一致的状态，或者说人们思想意识进步的速度慢于社会改革发展的速度，这直接导致人们在现实生活中产生来自社会环境及自身发展需求的压力。而社会现实压力已经成为人们从网络平台寻找慰藉，逃避现实围困的主要原因，但网络平台并没有成为人们逃避现实困境的避风港。一方面，人们过度沉迷于网络的做法让网络反作用于社会现实的影响力更大，影响人们现实生活的范围和领域变得更多，人们想要脱离网络回归到单线条的现实环境中已经变为不可能实现的场景；另一方面，人们在网络环境中逃避现实主要是通过娱乐手段实现的，而这些娱乐性的节目或活动为了刻意迎合网民的喜好和需要，无论是制作手法还是制作内容都暴露出低俗化、恶搞式的特征。这无疑是人们将现实生活中积聚的压力在网络空间中恣意释放而导致的结果，过度的娱乐化倾向和低俗恶趣味的文化审美的出现都会对现实环境发生反作用，出现强压力带来低趣味，低趣味再引发缺少行动力的强压力现象，与现实压力之间出现了恶性循环。

恩格斯曾说过，现代意义上的平等是指“一切人，或至少是一个国家的一切公民，或一个社会的一切成员，都应当有平等的政治地位和社会地位”，对公正平等的社会地位的追求成为人们社会焦躁感与日俱增的一个缘由。人们在社会生活中渴望获得国家或社会给予其个体公正且平等的待遇，面对这一现实，任何政府也在权力范围之内给予全体公民最大的、最可能实现的社会公正和社会平等，让人们的基本社会诉求得到满足。但是，即使如此也依然存在着不理想的情况，人们依然会受到来自个体层面、社会层面的不同影响而出现需求无法得到满足的焦躁感。另外，社会焦躁感的形成在网络技术飞速发展的前提下也呈现出新的问题，新媒体的功能也不再仅限于通信层面而是深入人们社会生活的方方面面，使用器材中，拥有一部手机甚至其他更多形式的移动设备或智能设备变得容易。但是，恰恰是这种手机设备的普及让人们在享受物质的同时也产生出新的问题，人们倾向于追求物质条件上的平等，却在拥有同等物质条件之后出现差距，因为现实生活中的个体差异并没有消失，而是开始体现在人们的使用习惯和应用选择上。

三、国民诉求

社会转型的大背景下，社会问题出现的频率也相对增高，传统的诉求渠道可能会出现不畅通的现象，农业社会的思维依旧残留在社会大众的思维当中，非理性处理方式自然而然地成为冲动人群的首选。网络成为人们在现实生活中找不到出路时的选择，那么在网络环境中出现的原生问题得不到解决时同样会显现问题，尤其是互联网作为新生事物，有些问题甚至是无法可依的空白状态。

1. 老问题：旧路不通则闹

在人们的价值观念方面，由于社会结构在国家改革发展过程中出现调整而导致社会情绪的大幅度波动和社会态度的高频率变动。同时，在我国改革发展高速运转期间，依然要面临着来自全球化市场以及西方文化输入的国际压力，经济和文化方面的剧烈变化必然会影响到上层建筑，人们如何在急剧变化的经济环境中生存、如何看待和处理不同文化的碰撞成为关键。人们出于生存和发展的需要，出于对安全感和归属感的追求，就必须不断地寻找大量的信息，与简单地获取信息不同，人们要获得带有自我归属感的信息，信息需求不再是浅表的“知晓”，而演变成为深度的“个性化使用”。除了对信息的海量需求之外，这些变化还让人们对接触和掌握新事物的方法和途径处于渴望状态，用来弥补传统方法在新环境下应用过程中产生的不足、降低负面效应。

信息时代，人们已经开始尝试借助高新科技创造出来的新设备来进行社会活动，但是人们采用技术来解决传统问题的思维意识仍然需要适应的时间，高新设备的地域普及、领域普及和功能覆盖依然制约着人们使用高新技术设备的进度。基于以上原因，大部分社会成员潜意识中依然保存着与现实社会发展进程不相符的思维模式，无论遇到什么问题都习惯性地采用老办法进行解决。然而，在经济形势和社会进步的新景象中，人们在现实生活中遇到的问题早已经呈现出细节化的特征，单一的、不变的解决方案早已不能解决网络时代中多元化的问题。社会个体在现实生活中因附加条件的不同导致认知差异的出现，所以，现阶段依然保留着传统路径来帮助人们解决社会生活中的问题，但是，在这一过程中却出现许多不良示范。例如，自中华人民共和国成立以来，人们习惯采用信访的方式来监督地方政府解决当地人民需要、保障人民的合法权益，信访得到社会大众的信赖而被频繁利用。在不少社会案例中，人们在通过信访等渠道接触政府的过程中，如果问题一旦得不到解决人们便采用将事情闹大来引起政府、媒体和社会大众关注的办法，产生一种“只有将事情闹大才能解决”的社会心理，无论使用何种办法都一定要实现自身的目的。

社会个体作为一个国家的最基本的组成单位，他们天生就拥有公民的意识、法律赋予的公民的权利和义务；在日常生活中遇到困难却无法作为个体解决时，自然会寻求国家、政府权威的帮助。信息时代让人们在日常生活中能够接触的“世界”范围变广，然而，人们也被这种通过网络媒介接触到的“世界”所束缚，消息的快速流动和普遍交流的实现让参与其中的社会个体注重短时效应的实现。这一点在人们通过信访渠道接触政府的过程中得到充分体现，人们不愿意花费时间和精力来思考问题的解决难度，执着于问题的快速解决和即时结果，这种片面的效率追求自然会在无法及时实现时爆发冲突。在我国，信访是公民以个体或群体身份进行利益诉求的常用途径，在网络技术兴盛之前，通常包括书信、电子邮件、走访、电话、传真、短信等多种参与形式。人们利用这些媒介手段向国家政府、社团、司法、政协、社区等单位表达自己的利益诉求，从而通过合法、合理的途径来解决问题。在互联网出现之后，信访依然是人们维护个人权利、解决相关问题的主要途径，由于网络设备的普及和覆盖率的提高，人们通过网络手段联系政府工作部门的方式成为申诉维权的主要途径，但是，对网络使用技能差、不了解甚至不具备使用条件的人群来说，依然存在亟待解决的问题。

信访制度①是人们维权申诉的一个重要依据和保障，自 1996 年《信访条例》颁布以来，"信访"二字深入人心，成为人们在面对侵权问题时能够想到的选择。时至今日，信访依然是人们在社会生活中遇到问题时的首选，尤其是在网络媒介出现之后，信访的方式也变得方便起来，从早先的"千里迢迢上访路"转化为在网络信访平台中投递信息。例如，2013 年 7 月 1 日起，国家信访局门户网站网上投诉功能全面开放，专门开设网上信访大厅，为人们解决问题提供便利，并且细化为信访指南、网上投诉请求、网上建议征集、网上查询评价等多个专项服务（见图 3－2），用来满足人们的不同需求。这种满足人们利益诉求、解决人们权益问题的沟通渠道是经过长期的社会实践积累而来的，并且渠道的应用范围和涉及领域也随着社会的发展而出现变化和更新，相比于其他解决问题的模式，人们对相对成熟的信访方式的信任度依然占据上风。但是，不能忽视的是在新式信访普及的过程中，依然存在部分地区、部分人群无法使用网络服务的情况，除了地域和设备的不完善、个人不具备网络使用技能等原因外，社会改革转型和社会结构调整等环境因素以及由此带来的忧虑、狂躁等社会情绪的出现，必然也会对在维权过程中的人群造成影响。

在实际社会中，信访渠道的效力受到限制，这不仅是出于社会环境变

① 1996 年，国务院颁布的《信访条例》中规定了办理信访的总的原则，即"分级负责、归口办理，谁主管、谁负责"。

图 3-2 国家信访局官网首页——“网上信访大厅”板块

化以及社会大众自身存在的不熟练、不恰当的原因，政府工作人员在信访接待工作的过程中也同样存在不妥当的现象，例如，部分政府工作人员出于对自身“政绩”利益的考量而压制民意的做法。人们在无法接触到有效进行信息传播的工具时，作为处于弱势地位的个体或群体诉求就会因为信息的缺失而不断累积，在积压诉求不断增多而寻找不到倾泻口的情况下，容易导致群体的极化行为发生。在这个寻求满足诉求途径的过程中，得不到解决的问题会导致人们寻找合理方式的积极性被逐渐消磨，取而代之的是社会情绪的发酵，这种变化让感性的、消极的个人或群体情绪继而占据上风。例如，信访本应是为基层群众提供的一条满足利益诉求的途径，但是人们在信访过程中在难以保持理智的情况下通常存在着坚信只有以“闹”的方式才能引起政府关注的错误想法，因此更愿意通过非理性的方式来表达自身原本正当的利益诉求。而闹访行为作为典型的非理性表达，它是社会弱势群体“大闹大解决、小闹小解决、不闹不解决”偏颇观念的集中体现，也是社会民众利益诉求渠道单一和不畅通导致的结果。

互动一直是政府与社会大众之间的重要联系方式，无论是以何种形式具体展开，其本质都是建立政府与人民之间的信任、依赖关系，确保国家、社会、大众都能够实现正常运行。在互联网出现以后，网络平台成为政府与大众之间沟通的重要途径，便捷的、及时的联系方式让不同主体之间的互动交流成为可能，虽然网络平台的搭建并不能完全地解决所有互动过程中存在的阻碍，但是，网络媒介的出现无疑对拉近政府与社会大众之间的关系提供了更直接的接触方式。在现实生活中，社会转型的发展速度过快导致正常的官民互动方式长期处于缺失状态，而网络设备深入社会生活的同时，导致解决问题机制不完善等问题在原有问题没有及时解决的基础上出现新的挑战，政务服务中“推”“拖”式工作状态的长期存在，已经成为人们在办理相关手续、传达利益诉求过程中的“绊脚石”而受到人们质疑。这些问题的滞留直接促使人们将以往使用的手段性表达上升为目的性发泄，这也是人们在信访过程中后期出现极端行为的诱因之一，尤其是网络媒体的出现带动人们的情绪发酵式传播，最终酿造出带有社会情绪的网络舆论事件。另外，现实生活中部分工作人员的懈怠状态也是导致人们对政府办事效率及政府治理能力产生怀疑的原因，塑造和维护政府公信力的行动势在必行。

2. 新问题：无路可循则乱

在网络时代，人们从最初的走进网络世界到已经步入网络深入社会生活的阶段，不再是以往的人们选择性地接触网络而是需要人们像掌握生活方法一样学习网络使用技能，而这种使用技能的实战领域也在逐渐扩大，从文化娱乐产业逐步过渡到经济、政务服务方面。在这样的情况下，政务新媒体的出现就是国家在社会治理过程中为提高工作效率以及服务质量的表现，网络媒介则自然而然地发展为人们满足自身利益诉求的重要途径。由于网民不可能完全摆脱现实生活的影响，日常生活中的经济条件和知识积累影响着他们在网络世界中的言语表达和行为方式，最终形成两种截然不同的网民形象：与现实生活紧密相连的“网络影子”、与现实生活完全脱节的“另一个人”。这种变化让人们在表达自身诉求的同时更多地表现出充满变数的迷茫状态。人们通过移动媒体借助网络通道来满足诉求或解决问题时，倾向性地认为网络作为新介质、新方式一定能够产生更为完善的效果，却容易忽视新事物可能带来的新问题和潜在的危机。例如，网络舆论最初是以现实社会事件无法得到解决时提供媒体帮助的“正义骑士”

的形象出现，然而随着人们对网络舆论影响力的关注增多，试图借助网络舆论来炒作、加工而获取利润的案例开始大量涌现，逐渐显露出网络舆论的“双刃剑”特征。

基于匿名、开放、平等、自由、包容等网络特征，互联网在成为社会大众汇集的虚拟公共领域之后，骤然出现的网络政治参与机会激发了人们的参与热情，这种短时间内急速放大的情感释放带来更多的是人们非理性的参与后果。2019 年 2 月，中国互联网络信息中心发布的《第 43 次中国互联网络发展状况统计报告》中显示，在年龄结构方面，我国网民以中青年群体为主，并持续向中高龄人群渗透；在学历结构方面，我国网民以中等教育水平的群体为主；在职业结构方面，学生群体最多，其次是个体户或自由职业者。在这些网民结构特征的分析中以“低学历”最为明显，对互联网这一虚拟世界的影响力较大。由于匿名制让每一个社会大众在进入网络平台时都呈现出“一张白纸”的状态，线上交流的隐身特征为人们添加了“无责”心态。网民在网络空间中没有名字，只有依据网络行为而产生的身份标签，一些含混的、情绪化的名称陆续出现在网络语境中，如吃瓜群众、脑残粉、水军、巨婴、杠精、锦鲤、佛系等。这些网络用语或网络流行词的出现正是对现实生活的一种反映，人们将在现实生活中的经历和体验搬到网络平台中进行交流和分享，群体性的情感或经历共鸣就是这些词汇产生的源头。

在通过网络平台进行社会治理的过程中，相比较于网络用语流行的一般性现象，在网络平台扩散发酵的社会事件更加值得关注，尤其是涉及社会矛盾、社会伦理道德层面的事件，一旦被放置在网络平台中就会迅速吸引和聚拢网民的注意力进而成为一个“全民关注”的国民事件。一直以来，人们迷信网络具有“替天行道”的惩治能力，认为网络平台能够给予自身话语表达的空间，而不会出现信息的阻塞和倒流现象，只要网民不断地关注和浏览与关心问题相关的网页、论坛等，就有希望引起有关部门的关注从而达到人们头脑中设想的结果。然而，任何事件的解决都需要现实生活中各个部门的全力配合和共同努力才能够得以实现，人们在意识中设想的结果是一种依据媒介环境中建构的事实而得到的产物，在现实环境中的事实并不一定与媒介呈现的事实相符，这种事实差异的存在则让人们陷入不断反转的旋涡中而失去信心和主动性。事实上，事件本身带来的冲击通常在人们接触信息的开始就已经表现出来，而真正对人们造成影响的是信息传播过程中网络平台流传的各种情绪化表达，正是这些勤于交流的信息存在让人们出现情绪和态度的反复，让人们开始怀疑信息存在的价值和意义而降低对流通信息的信任度，进而对信息的发布者产生怀疑。

另外，网络媒介之所以成为信息的“高危地段”，还有一个主要原因是网络民粹主义的出现，网络空间中出现的民粹主义与现实环境中的民粹主义有所区别，网络民粹主义相比于其他任何形式都要更加难以把控。网络民粹主义是网络平台中存在并蔓延滋生的一种情绪化表现，它是社会现实中生成的不满情绪的网络呈现，而网络空间的自主传播和群体互动的普及和便利条件，让网络民粹主义出现新的表现形式。网络世界和现实世界之间存在的缝隙和人们在两种空间不停转换的现实让民粹主义在虚拟空间中占据了话语高点，并衍生出过度诠释的网络民粹主义。如果说传统的“民粹”主要表现出两种形式，即一方面表现为反精英的大众主义或平民主义，另一方面表现为视民众为工具的精英主义①，那么网络民粹主义主要在群体冲突性事件中表现明显，尤其是涉及带有明显标签的身份对立时会更加严重。网络平台中的两极分化主要表现在言语暴力上，跟帖、评论、转发是最直接的情绪表达方式，尤其是在与舆论事件相关的文字表达中，人们作为网络平台的“隐形人”会更直观、更大胆地表达自己的看法，这些话语的出现对网络舆论的走向产生明显的影响，进而影响了社会事件的解决进度，而这种情绪化表达的存在，成为针对网络空间问题的社

① 林红．民粹主义：概念、理论与实证［M］．北京：中央编译出版社，2007：7－8．

会治理环节必然遇到的难题。

以论坛、微博等为主的传播渠道中开始出现标题党等倾向性明显的表现，网络民意成为炒作的借口，甚至成为伪造虚假热度的泛滥之地，网络推手、网络水军的大量出现，以及混合公关、新闻、广告等多种信息传播形式的复合体网络炒作呈现出常态化。这些现象的出现无疑为网络空间的治理添加了难度，然而，网络空间作为与现实环境相辅相成的一部分，已经成为现代社会治理中的关键环节而不容忽视，因此，在完善社会治理环节的过程中必然需要对其进行管理和调整。通过社会公众对某一事件或者某一人物的关注，吸引社会大众的注意力创造眼球效应，实现“上热搜”“蹭热度”的宣传效果。但是，这种话题通常伴有着争议性、低俗化特征，并且以煽情、造假为主要手段，以迎合人们猎奇心理为主要诉求，因而被社会大众所诟病。此外，网络标题党明目张胆地恶意炒作新闻标题，通过刺激、夸张的词语达到吸引社会大众关注的目的，以耸人听闻、极度煽情、色情暴力等为主，刺激人们的感官和情感来欺骗社会大众的点击率，创造流量实现经济利益。

第四章　媒体的“职能”

面对转型的社会现实，一个能够有效地聚集社会个体和社会群体的工具出现在社会大众面前，这个工具不仅具备基本的信息传递功能，还能够承载和聚集量级的讨论平台进而呈现并阐明社会的整体目标与普世价值观。新媒体属于适应性、跟随性较高的媒介形态，自产生时起便具备监视社会、协调社会及传承社会的传播功能，作为社会现实“反映器”的同时也承担着社会历史“记录仪”的角色。另外，媒介作为社会管理分级中的“第四权力”，在受到市场和媒介专业主义的强烈冲击下开始对社会中的不同对象提出责任要求和素养意识，最终凝结成对媒介社会价值的召唤。新媒体不仅为社会治理提供全新的技术支持，实现社会治理参与主体多元化的变化尤为突出，政府、各类媒体、群体组织及社会公众等参与者在社会治理的过程中，既通过新媒体履行自身职能、实现自身价值，又接受着来自新媒体平台中四面八方的批评与监督，双向性的应用让社会治理更加立体化、更加完善。

一、媒介功能

作为信息传播技术手段的媒介在出现之时并未得到统治者之外的人群太多的关注，直到它产生影响社会运行的作用时便开始备受关注，各有特色的媒介功能说接踵而来。其中，拉斯韦尔对媒介三项基本功能（监视、协调、传承）的总结流传深远且实用性强；而在马克思主义新闻观看来，媒介无疑是党和群众的“喉舌”，其功能随着社会发展的进程得到丰富，不仅是党和国家的宣传工具，还是监督政府的社会工具。

1. “三功能说”

1948 年，拉斯韦尔在《传播在社会中的结构与功能》一文中概括的传播“三功能说”最为流行，他将传播的基本社会功能概括为以下三方面：环境监视功能、社会协调功能及社会遗产的传承功能。大众媒体的盛行让人们开始关注媒体对社会、组织和个人的影响力，对媒介究竟如何实现其吸引力的探索欲驱使着越来越多的人将注意力集中在这一问题上，突出表现在如何解释电视媒体强效果的研究上。19 世纪末 20 世纪初，伴随着电路技术和电力设施的普及，无线电的使用将声音、文字及图片的传递突破自然条件的限制，广播、电视等电子设备进入日常生活中，改变人们接触“外面世界”的传统方式。大众媒介的普及度和实用性使得人们对媒介功能的探索范围和速度大幅度提升，强劲的研究势头并没有得出具有代表性的说法。“三功能说”的出现将大众媒介具有一般性功能的基本论调确定下来，并且在此基础上，不断发现新的媒介功能。在互联网出现后，关于交互性、个性化等新名词喧嚣而上，人们逐渐忽视大众媒介的基本功能，认为媒介的一些功能随着媒介形态的更新而出现优胜劣汰的现象。实际上，这些一般性功能并没有随着电视媒体、广播媒体市场占有率的下滑而被淹没，相反，它们在网络时代以一种全新的方式进行诠释和发挥着作用。

环境监视功能是明确大众媒介在社会治理过程中重要地位的一项功能，媒介最初以传播信息为主要内容，在电缆尚未出现之前由于地理条件的限制，报刊作为主要媒介就是向人们传递重要的信息，让人们知道世界、认识世界和了解世界。媒介将现实中发生的事情印刷在纸张上，通过介质传递让人们在有限的资源范围内掌握大环境的变化，方便、及时、有效地应对因为自然环境和社会环境的突发性变化而带来的灾难，那么，在这一过程中媒介自然而然地充当着帮助人们监控环境的工具。无论是自然生态环境还是社会生存环境，二者都处于不断变化的轨道上，这些变化并不都是有益于人类文明进步的，只有能够根据现实环境做出反应的个体或群体才能在不断变化的条件下维持社会秩序而得以生存。另外，由于网络空间的生成，人类社会的生存空间在原有的二维概念的基础上出现新的变化，现实条件对人类行为和社会关系的约束力不再唯一，网络空间成为人们规避现实和挤压现实的重要介质，这一情况的出现让媒介的环境监视功能出现多向性，不再是单一的媒介监视社会活动、监督政府行为，而是演变为网络媒介、社会大众、政府机构三者之间彼此“监视”的状态。

社会协调功能作为大众媒介调节社会成员之间关系而衍生出来的功能，媒介在传播过程中依据新闻价值进行新闻生产活动，虽然存在依据受众类别来制定传播内容的可能，却是能够最大限度到达不同社会成员接触范围的介质。对社会治理而言，媒介是实现社会民主的重要工具，历史经验显示一旦脱离社会大众的积极参与，民主将停留在设想和计划阶段，网络媒介的聚集功能让网络关系成为需要媒介实现社会协调功能的重心。包括政府机构、企业经济体、公益组织及社会个体在内的各种社会主体开始创建具备代言属性的客户端、官方微博和微信公众号及各类企业号，俨然成为现实社会的网络世界。在网络空间中，交流渠道的增多让关系成为更加复杂的存在，通过虚拟社区而形成的人际关系或群体关系在剥离人伦关系的基础上受到来自现实客观条件的约束减少。对媒介而言，借助网络关系调节来影响社会现实各类主体间关系的实现难度增加，稳定的社会结构会受到社会主体之间协调性的影响，媒介只是维护社会主体关系的手段之一，是协调社会关系的重要手段。

社会遗产的传承功能。大众媒体在20世纪70年代前后在传承方面的表现尤为突出，关键在于这一时期新闻记者在挖掘社会新闻方面的贡献，尤其是在美国新闻界，连续的政治丑闻的曝光让人们对大众媒介产生积极的围观心态和不断提升的信任感。所谓"社会遗产"不仅是对社会客观事物的留存和记录，还包括在情感、态度等方面形成的有价值的社会道德、社会品格的传承。无论是哪一种媒介，在实现传承的过程中其最重要的功能都在于对社会价值体系的建构和实现，通过媒介实现社会价值体系的基础累积。然而，20世纪后期，伴随着媒介集团化、市场化的发展态势削弱大众媒介的社会遗产传承功能，大量为享受而消费的娱乐类节目占据传播内容的主体位置，娱乐化氛围成为主流，人们沉溺于电视节目中自娱自乐，被记录和保存下来的文字影像展示出消费主义的痕迹。互联网在社会记忆和社会认同方面的功能是多元化的，综合性数据库和专业性应用程序的存在让庞大量级的知识存储成为可能，它成为一个与现实世界相呼应的网络世界。同时，网络媒介中不仅有主流文化，还包含着大量的亚文化，多文化体系在网络平台中的存在让文化内容更加丰富，同时也产生了新的文化安全问题。

传统的"三功能说"是媒介功能研究的开始，此后，赖特曾根据大众媒介发展进程的现状单独将“娱乐功能”作为媒介的第四功能提出来，娱乐功能的出现实际上是人们对大众媒介负面效应思考的开始，也是大众媒介在经济条件和市场环境下出现转变的标志。随后，根据哈钦斯委员会的看法，提出媒介在社会中有以下五种功能，即真实报道、评论与批评的论坛、交流意见与态度、阐明价值观和信息思想传播①，这五种功能既包含着媒介本身固有的工具属性，也有对社会主观思想和人类社会价值的考量。其中，对媒介社会功能的预估已经开始超越信息流通层面，向着社会大众观点、态度及思想认识层面流动，通过这些变化可以看出，伴随着媒介分布范围和使用功能的增多，人们已经认识到媒介对社会态度或社会价值体系的塑造功能。虽然关于媒介功能的论述在这一段时间内得到延展，但仅仅是数量上的增加而没有出现区别于“三功能说”的实质性分类，这些“通过转换概念获得的角色理论仍然没有被很好地整合进一个范畴”②。人类的文明发展按照时间线索来看，可以简单地划分为过去、现在和未来三个阶段，传播的功能联系时间观念就可以看作“连接介质”，尤其是存储功能的挖掘更具备历史意义，贯穿人类社会发展的始终并为社会变革留下记录。

信息时代，社会化媒介占据人们大量的活动时间，成为人们日常生活中的主要停留地，各种信息、意见、情感在这里得到倾泻和交流，而这些表达和互动中既包含着问题的解决，也包含着问题的产生。大众媒介在信息时代依然保留着传统传播方式，在媒介市场中的传播份额出现大幅滑落的现状，但是微弱的市场占有率并没有抹杀传统媒体的存在价值，它成为有别于网络传播路径护航信息安全的后备力量。网络媒介的出现让媒介社会功能的应用范围和使用方式得到延展，并且在出现变化的同时更多地呈

① [美] 新闻自由委员会．一个自由而负责的新闻界 [M]．展江，译．北京：中国人民大学出版社，2004：11－12.

② 戴云光，尤游．媒介角色研究的社会学分析 [D]．上海大学学报（社会科学版），2007（6）：63－67.

现出复杂化的趋势，例如，大众媒介时代，从业人员挖掘社会新闻、发现社会问题，强调大众媒介的“雷达”功能，而网络时代，环境监视功能更多地表现为网络舆论形式。现代的社会生活由现实环境和网络环境组成，人们可以在相同的时间点穿梭来往于现实和网络这两个不同的空间领域；虚拟空间的网络舆论和现实空间的社会治理，属于同一社会体系中的不同阶段。简单地说，它们是现代政治生活中带有公共性质的“话语”通道和“行为”通道。在媒介形态日益丰富的当下，媒介功能呈现出复杂化、细分化的演变特征，媒介市场随着技术的发展在商业性方面得到强化，媒介社会功能的实现环境和实现方式都受到来自现实的挑战。

2. “喉舌”论

起初，媒介只是作为传播信息的介质出现在人类生活中，对媒介功能的挖掘源自媒介使用者的使用目的和使用方式，无论是大众媒介“第四权力”的说法还是“社会公器”的定位，都是使用媒介主体自身需要和诉求的媒介化表现。在政治宣传史上，媒介一直都是重要的宣传工具，肩负着传播革命信息、联络革命成员、宣传革命信仰的职责。纵观古今中外，任何政治活动都离不开媒介，在这一点上，报刊是最初的具备政治传播功能的媒介载体。《开元杂报》作为我国已知的第一份官报，是一种“传达朝政的文字抄本和政治情报”，此后陆续出现的邸报等封建时期的报刊均具备类似的作用和性质。近代报刊出现后，报刊才成为刊载新闻、评论、广告等内容的定期刊物，在康、梁等人发动戊戌变法前后，报刊开始具备用于思想宣传的味道，开始注重舆论的作用；此后，孙中山将报刊视为宣传革命的重要工具，将其作为“发出革命声音的武器”。中国共产党人自成立时起便非常重视报刊的作用，这主要有两方面原因：一方面，中国共产党自成立一开始就积极接受马克思、恩格斯等无产阶级革命家的革命经验和思想理念的指导，因此继承了工人阶级政党报刊理论体系；另一方面，则是对维新派和民主革命人士利用报刊宣传革命活动经验教训的总结。

中国共产党人在成立之初就认识到必须灵活运用报刊在革命活动中的舆论宣传作用，在半殖民地半封建社会的时代背景下，发动革命所面临的政治情势和社会环境是极为复杂的，革命活动的进行处于难度极大、迫切性强的状态中，在这样的艰苦条件下，中国共产党人提出“政治为体，新闻为用”的要求，将报刊定位为“为革命服务、积极争取斗争”的革命工具角色。事实上，马克思、恩格斯并没有直接提出“党的喉舌”概念，在报刊的舆论宣传史上，关于“喉舌”论的出现时间仍然存在着争议，有的专家学者认为在1921年中共成立时即开始出现相关说法，并在随后的革命活动和工作会议上得到改进。在关于“喉舌”问题的讨论中，比较明确和统一的说法是认为，“在1929年，中共中央在上海秘密出版的《党的生活》中较早地明确提出党的报刊应当发挥‘喉舌’的作用”①。随后，1930年，《红旗日报》② 的发刊词里，“喉舌”一词再一次被提出，强调报刊“在当时的革命中必然要成为全国广大工农群众的反帝与反国民党的‘喉舌’”。此外，在这一时期发行的其他革命报刊，如《解放日报》《新华日报》中都提到将报刊作为革命活动的舆论宣传工具，这一阶段的“喉舌”论侧重强调“战斗”意味。

此后，关于报刊媒介的定位与革命活动紧密地联系在一起，随着革命形势的变化而不断改进，虽然在不同的革命活动阶段的具体说法有所差异，但是“宣传共产党无产阶级信仰”和“完成民主革命任务”始终是这一阶段的主要内容。当时的中国还没有实现文化教育的普及，文字是社会资本和社会地位的象征，不识字的人占据着社会受众的主体地位，面对这样的信息传播难度，关键是如何引导人们关注革命发展、投身革命事业。在完成民主革命的任务时期，“喉舌”论一直是共产党党组织的“喉舌”，宣传的内容主要是与党的发展壮大相关，以传播和维护无产阶级信仰为

① 陈力丹. 关于“喉舌”问题的几点补正［J］. 新闻界，1990（2）：11.

② 此处的《红旗日报》是指1930年，党的中央委员会在上海秘密发行的机关报。

主。而伴随着社会环境和政治形势的变化，“喉舌”论的属性和宣传范围得到丰富，逐渐变化为“党、政府和人民的‘喉舌’”，从单一的党组织宣传拓展为注重政府服务工作和人民意愿表达的“喉舌”论。1941 年，邹韬奋为《新华日报》撰写的《领导与反映》一文中提到舆论具备“统领社会”和“反映民思”的重要职能，报刊作为舆论宣传的重要阵地，肩负着实现为国为民的社会职能。由此，“喉舌”论的内涵在党的宣传工具层面上增加政府和人民两个内容主体，将媒介传播过程中涉及的传播主体囊括到整个宣传体系中，对更恰当地把握社会舆论的发展形势有了更可靠的依据，报刊在肩负完成民主革命宣传的历史任务的同时，也对当时的社会环境和政治情势有所呼应。

“喉舌”论在报刊媒介盛行期间提出，由于报刊在历史时期担负着宣传革命的重要职能，所以，“喉舌”论在较长的时间内被视为革命工具，主要用于让人们了解正在进行的革命事业，进而号召人们参加革命改变被压迫的生活现状。然而，伴随着社会环境的不断变化和媒介形态的不断进化，经过不同历史阶段的发展变化之后，如今的“喉舌”论已经产生出新的应用范围和传播内涵。在现代国家中，影响“喉舌”论的社会因素也变得更加复杂，其中，媒介因素和环境因素的表现尤为突出，一方面，作为“喉舌”的媒介形态随着技术条件的提高而不断丰富，已经从单一的报刊媒介演变为包括报刊、广播、电视、互联网在内的媒介体系；另一方面，民主革命时期正值世界格局动荡时期，信息传播存在滞后性，然而，网络媒体将世界变为“地球村”，各类信息通过互联网进入社会大众的生活中，让关于国家政治工作、民族信仰宣传方面的工作受到更大的挑战。

1995 年，中共中央宣传部的《关于进一步做好新闻舆论工作的若干意见》中指出，“我们党和国家的报纸、通讯社、广播、电视是党和人民的喉舌”，再一次明确了新闻媒体的社会职责和服务对象。尤其是在网络媒体出现后，关于新闻媒体的定位变得更加重要，网络平台中存在官媒、商媒和个人媒体，不同传播主体出于不同的传播目的在网络空间中进行信息传播活动，为新闻媒体工作的社会性实现带来冲击。在市场经济兴起和媒体专业主义涌入的双重背景下，我国的媒体格局出现分化的态势，媒体的角色随着社会转型而发生变化，新闻媒体不再局限在“党的宣传喉舌”这一个单一的角色，而是同时成为监督社会和批评政府的“社会喉舌”。① 对新闻媒体社会职能的强调让“喉舌”论出现新的特征，“社会喉舌”不再是单向信息传播的宣传工具，它也成为社会大众监督政府和实现政治参与的双向互动平台，此前，传播只是专业新闻媒体的工作，信息传达是新闻媒体的主要任务，然而如今它成为政府、媒体和社会大众共同的事业，人人都有通过媒介为社会发展贡献力量的社会责任。媒体的“喉舌”功能从信息传播方面直接拓展到社会目标实现和公共政策执行方面，社会中的各类主体同时成为“喉舌”的工作者和受益者，拉扎斯菲尔德和默顿认为，媒体在这一方面的作用呈现出能否有效引导社会公众的认知和理解，即整合出与“社会和谐”一致的“意向性”。②

二、媒介定位

19 世纪“第四权力”这一名词的诞生标志着媒介地位得到明确的提升，媒介被政治家和社会公众寄予希望，成为第三方民主的实现者。然而，20 世纪的新闻自由主义遭到经济市场的冲击沦为资本的代言人，媒体成为科学技术、社会秩序和公众观念相互冲撞的牺牲品，再无力反馈更多的社会问题、承载更多的社会期待。

1. “第四权力”的起落

报刊在英国出现的 300 年间，人们逐渐认识到记者和报纸对国家、社

① 曾繁旭. 社会的喉舌：中国城市报纸如何再现公共议题［J］. 新闻与传播研究，2009（3）：93－100＋110.

② 黄河. 新媒体发展与社会治理［M］. 北京：中国传媒大学出版社，2013：31－32.

会、公众的影响力正在逐渐加深。19 世纪中叶，西方国家的新闻媒体出现从“政”转“商”的重要变化，新闻媒体成为社会中“一股相对独立的力量”。1928 年，在这样的背景下，政治家爱德蒙特·巴克在英国国会上将记者定位为继贵族、僧侣、资产者之后的新生力量，创造性地提出“第四阶级”的说法。面对报刊在过去百年间带来的社会影响，记者行业被他认为是超越另外三个阶级的存在，配合着媒体市场形成的社会背景，大众媒介的地位由此在西方国家得到确立，“第四权力”的应运而生既是媒介市场化、集团化运营的一种操作，也是媒介社会影响力增强的必然结果。正如施拉姆对大众媒介与社会发展之间关系的描述那样，大众媒介是“社会变革的代言者”，它有助于推动社会变迁和社会改革的实现，即“向新的风俗行为，有时是向新的社会关系过渡”时，其背后必然存在着“观念、信仰、技术以及社会规范的实质性变化”。① 大众媒介社会功能的发现是人们与媒介之间相互影响的结果，大众媒介满足人们在生产力提升之后在信息和娱乐方面“视觉消费”的需求，而人们在大众媒介建构的媒介环境中重塑媒体的地位与力量，这种变化的产生让媒介成为社会体系中不可忽视的权力构成体。

“第四权力”说法的出现代表着人们在主观层面对与客观现实进步相适应的观念更新的迫切愿望，人们能够感受到社会现实环境的具体变化，认识和感知这种变化带来的社会性影响。同时，人们也能够察觉到自身在发展中出现的不适，二者之间的不一致让人们期望通过某一种介质实现自身适应社会变化的目的，而媒介恰巧成为符合人们要求的连接介质。人们对自我价值和自我诉求的积极追求造就“第四权力”的出现，换句话说，即使不是新闻媒体，任何在当时满足人们这种要求的介质都可能成为人们的选择，而新闻媒体被西方国家认定为接力孟德斯鸠提出的“三权”之后的第四权力，则是因为它的存在真正地给予社会大众信任与依赖，是公共

① 威尔伯·施拉姆. 大众传播媒介与社会发展 [M]. 北京：华夏出版社，1990：121.

利益和公共意志的化身。人们普遍陷入大众媒介传播魅力的起始点是调查性新闻报道的出现，尤其是对政治任务和政治事件的深度挖掘，让人们见识到专业记者和新闻机构在揭露政治问题和保障公共利益方面的能力。调查性报道的出现是新闻媒体获得 1960 年的沙利文案以及 1972 年尼克松的水门事件的相关资料，都是大众传媒史上关于调查性报道的代表，这些事件的发生直接影响美国新闻产业的繁荣发展。经济条件的保障实现新闻自由生存空间的拓展，越来越多的调查性报道出现在社会大众的视野中，更多地承担人们日常生活中的精神寄托。

报业“第四权力”的理念被视为西方国家的民主保证，当然，其实现前提是保证媒体的独立，因为“只有独立行使报道权才能有效地监督政府”，人们将以报刊为代表的大众媒介当作行使自身权利的“利器”，在通过媒介监督政府的同时获得自身参政议政权利实现的满足感。大众媒介的环境监视功能在对政治家政策和活动的监督中发挥积极的效力，这种媒介监督形式的存在让人们形成“过去是政治家审查政治，而现在是新闻在影响政治家”① 的一致认知，对大众媒介产生强烈的信任感，从而加强大众媒介“第四权力”地位的稳固性。同时，大众媒介为人们对社会公共事务的关注以及对公共利益的维护提供了一个“进出口”，媒介在社会和公众之间建立起信息双向流动的“管道”，无论是政府、公众还是媒介都需要通过交流和互动来实现共同治理的目标，媒介成为所有主体产生交集的平台。媒介在融入“民主”概念被视为社会管理工具之后，其所具备的社会属性开始被赋予更多的期待，媒介不仅成为一种行业标志，也成为社会管理体系中的参与主体，人们在媒介使用过程中更重视的是通过媒介实现哪些大众的社会权益以及解决哪些公共事务和社会问题，而不仅是媒介能够分享和提供给人们哪些电视节目。

---

① 刘建明．“第四权力说”的历史滑落［D］．现代传播（中国传媒大学学报），2006(4)：25－27.

电视媒介出现后，电视节目的增多让信息内容传播范围扩大，传媒界的新闻产品逐渐成为“成本极小化”的牺牲品，更多的新闻媒体开始选择以简单的、标准化的粗糙方式来制作各类节目和媒介产品，甚至开始出现购买廉价影像制品反复播放的做法，传播内容的高度雷同让媒介产品沦为“口水化”的垃圾，新闻媒介失去了此前致力于调查、忠实于公众的初衷，独立而富有思考力的特性化为泡影不复辉煌。同时，大众媒体的繁荣场景让广告的商业市场得到拓展，越来越多的大众媒体沉溺于商业广告带来的利润海洋中，对经济效益的疯狂追逐让新闻媒介的传统自由权利被变相地剥夺，大众媒介在这一阶段开始陷入商业化、市场化的变化中。大众媒介的“社会公器”角色开始受到广告主、媒体集团的影响，新闻媒介的生产活动逐渐朝着收视率和由此带来的利润效益而决定，媒介成为商业主体的主要活动地带，社会性、公益性的信息内容所占据的比例被替代，人们在媒介传播的影响下潜移默化中出现内容选择的倾向性。相比于沉重的社会新闻人们更愿意选择轻松的娱乐新闻，与公共利益、公共事务相关的新闻通常向人们传达的新闻主题更多地表现出现实中的社会问题，试图表达一种预警作用，而娱乐新闻则是在商业利益的驱动下出现的为人们提供精神消遣的产品，呈现出截然不同的消费功能。

大众媒介是媒介社会功能被挖掘的起点，为人们使用大众媒介参与社会议程及实现自我在社会体系中的参政议政愿望提供了可能，这种可能在较长的一段时间内呈现出稳定状态。传播与政治、经济之间关系的思考开始出现新的“拐点”是在经济大萧条以及法西斯主义流行后发生的，人们在认识到大众媒介带来的主动话语权的同时，也开始思考大众媒介在政治、经济活动背后存在的深层关系。达拉斯·斯密赛的受众商品论①认为，

① 1951 年，达拉斯·斯密赛第一次正式提出“受众商品论”（audience commodity thesis）的概念，并在不断地进行修正和补充，最终在 1977 年发表《传播：西方马克思主义的盲点》（*Communications*：*Blindspot of Western Marxism*）一文，标志着受众商品理论的正式形成。

大众传播媒介借助信息传播制造出以广告时段为代表的间接价值，大众媒介在广播、电视等媒介上播放的节目实际上是带有“鱼饵”性质的“免费午餐”，它们播放节目的真实目的是通过将收视率卖给数据统计公司和广告商来获利，这些大众媒体的本质是商业机构，它们真正的商品是普遍的受众群体。① 这一理论的出现让人们意识到，虽然在与大众媒介的接触过程中，人们被媒介根据不同阶段存在的市场价值划分为不同的类型，但实际上观众存在的本质都是保障媒体运营的一种流动资本。资本作为西方国家经济市场甚至社会运作的驱动力，是引发新闻媒体格局发生变化的根本因素，商业属性是西方国家新闻媒体挖掘社会问题的出发点，对任何一条新闻的新闻价值的判断依据都源自信息内容本身所包含的销量市场。

“观点的自由市场”原本是西方新闻自由的理论根基，在大众媒体尚保有新闻自由意识时期，各种思想、言论、价值观通过媒介载体被描绘和表达出来，如同一个自由市场一样，人们通过大众媒体获悉这些知识，进而在比较和鉴别中认识真理。大众媒介在监督政治权力、反映社会问题、关心公共利益和服务公共事务方面表现出前所未有的覆盖能力，人们能够在与大众媒介的接触过程中实现对远距离世界的探知欲望，与以往不同的学习体验过程让人们信任大众媒介提供的信息并忠实于大众媒介。然而，新闻事业在被私营媒体高度集中过程中却没有保住新闻自由的生命力，媒体的“第四权力”在资本垄断的冲击下逐渐失去主动权，在此阶段之后的大众媒介被认为呈现出一种“祛魅”状态，媒介并不是人们想象中的“民主”代言人，而是成为广告主、商人的合作者。大众媒介的角色转变并不能简单地视为从以社会属性为主到以商业属性为主的滑落，而是社会环境、媒介技术及现实观念多种原因共同作用而形成的复杂结果。大众媒介作为社会体系中的“第四权力”，其存在依然具备积极意义，兼具商业属

---

① 郭镇之．传播政治经济学理论泰斗达拉斯·斯麦兹［J］．国际新闻界，2001（3）：58－63.

性和社会属性的大众媒介符合现实环境的发展需要，人们如何使用大众媒介成为重新定位大众媒介社会地位的关键。

2. 舆论“担当”

通常，人们将舆论视为公众意见的集合，因而相比较于网络舆论的说法，“公众舆论”一词更早地出现在社会治理的范畴中。按照现代政治学的基本观点来看，这是“一个被随意使用而且远非精确或明晰的概念。问题不仅来自公众舆论作为自由民主理想的核心所具有的地位，也来自它作为政权、政党及各种事业的主要的合法性手段所发挥的作用。人们经常根据公众舆论所服务的意识形态来给它下定义”①。媒介技术的进步为公众提供了一个带有全新体验感的公共空间，公众在被架构起的网络世界中汇集在一起，信息、情感、观念上的交流共享培养出附带独立活动区域的“网络生活共同体”。网络生活社区的集体存在为社区成员带来安全感和信任感，社会个体在变成社群成员之后彼此之间出现高黏度状态，最终以网络舆论的形态出现并影响现实世界的社会治理。此外，作为普及度和使用率双高的媒介技术和传播平台，网络媒介作为新媒体在消解、拆分社会公众原有的交往模式和互动行为等惯性逻辑的同时，也拉动社会格局在虚拟空间与现实空间交互影响的过程中出现变化，从而衍生出在现实环境中未曾出现过的新问题。

网络媒介被视为实现公众民主愿望的工具，是现代“民意”的集合器，人们对公共事务的关心在网络平台中聚集在一起衍生出符合公共利益、满足大多数人意愿的群体表达路径，即我们通常使用的网络舆论。当网络平台中的公众意识形成足以影响社会生活的网络舆论后，政府管理部门通过一系列具体的措施和手段落实解决公众问题，这个过程就是网络舆论和社会治理之间带有递进性质的联系表现。数字媒体的出现提升了人们

① ［英］戴维·米勒，韦农·波格丹诺. 布莱克维尔政治学百科全书［M］. 邓正来，等译. 北京：中国政法大学出版社，2002：663.

参与网络空间的灵活度，网民随时随地的集合行为让现实社会中的公众问题在网络环境中经历“话题出现—话语膨胀”的聚合时间变短，网络公众舆论的形成变得更加便利。人们倾向于在网络中参与公共问题讨论的做法可以影响现实政治生活，但是如果离开真实的社会治理手段，所谓的网络热议、新闻爆点，就只能停留在虚拟空间中，无法发挥网络舆论调动和利用公共话语的功能。现实作为舆论的信息来源地，也是网络舆论的信息流向地，有的舆论能够对社会现实产生影响，而有的网络舆论则在虚拟空间中得不到网民的关注，伴随着信息流通呈现出消散状态，最终对社会现实产生零接触。

新媒体为社会大众构建出与现实社会既联系又独立的交流平台，以往在现实社会中不能直接参与的社会活动在网络媒介中突破限制，带有不同身份的真实个体被留在屏幕之外，而进入网络空间的都是去标签化、去差异化的“平等而自由的人”。网络媒介对社会大众的身份设定很大程度上决定着人们在网络平台中的活跃度和贡献率，平台身份的无差异让人们更愿意关注带有共同利益标签的对象，而这一点恰恰成为网络媒介实现网络公共舆论形成和社会治理网络化发展的前提。戈夫曼的戏剧理论认为，人们在既定现实社会中的人际传播过程就是人们表演“自我”的过程，但这个“自我”并非真实的自我，而是一种名为“自我”的象征符号。网络媒介为人们提供两个“舞台”，在现实环境中，扮演着现实社会伦理关系中的角色；而在界限模糊的虚拟空间中，人们以未知的陌生人身份相互交流，彼此戒备的心理和自我保护的意识都有所降低，凭自身“直觉”说话做事的交流方式占据主要地位。社会中的个体是完成社会治理的基本单位，人们在网络媒介平台的参与让社会治理的主体范围得到拓展，网络话题和社会议题在此基础上都实现关注社会公共利益的目的，让网络舆论带有公共性问责的意味，对每一个参与主体都进行提问和关注。

在大众传播时代，人们通过媒体掌握社会环境的变化和社会事件的发展进程，在信息流通方面的表现能够满足当时社会大众了解和认识国家管理方面内容的要求，网络媒介的出现让人们认识到自身在信息流通过程中掌握的主动权。伴随着话语主动权的挖掘，人们仅仅通过媒介了解国家管理的状态开始改变，互动式的传播方式让人们在主动性的表现上产生更多期许。信息交流方式的改变直接带来人们信息传播观念的变化，而信息传播观念的变化则进而推动人们通过网络媒介参与社会治理议程的实现，而这些变化都源自媒介技术创造的交流平台的产生，让社会个体的聚集方式更加便利和流畅。媒介技术的提升让社会治理的传统方式发生改变，在互联网出现后，网络舆论对社会治理的影响最先体现出来，在政务新媒体广泛分布之前，网络舆论因为公众意见的聚集及对社会现实的倒逼效应而受到关注。这种在网络平台中从组织到个人的多元参与而形成的社会舆论，实质上是网络公共环境中通过传递、解释信息来营造"共情、共生"的交流氛围，在逐渐形成清晰的、有说服力的"公民意识"的过程中实现观点甚至行为的再集合状态。

公共意见是网络舆论的又一个代名词，或者说公共意见表达的是网络舆论的本质特征，人们将它视为民主的体现，并期待通过网络媒介实现更广泛的民主意义，而民主无疑建立在公共利益的实现上。"对公共意见的内容而言，公共意见涉及有关公众的重要问题，也是有关共同生活团体的问题。公共意见的持有者，是指那些在某个共同生活团体中准备并能够可靠负责地表达公众问题的人，而且他们不在政府的名义下履行政府的批评和控制的职能。"① 人们在现实世界和虚拟空间中同时存在，起初是人们将各自现实生活中原有的情感、观念带入网络世界，在技术架构的社交平台中通过相互交流、相互沟通的方式在双方甚至多方之间重复着"表达—接收—接收后的再表达—表达后的再接收"的过程，让信息、情感、观念、

① ［德］伊丽莎白·诺尔－诺依曼．沉默的螺旋：舆论——我们的社会皮肤［M］．董璐，译．北京：北京大学出版社，2013：63.

情绪等因素在循环往复式的交流沟通中逐渐趋同，最终形成网络世界中的一种常态存在，而被人们顺理成章地带回到现实生活中来。在网络公共舆论形成的双向互动过程中体现出公共治理的理念，强调社会大众公共利益在网络平台中的实现，人们作为参与社会治理的主体，如何在网络媒体平台的新环境中做出为公共事务服务的提议和议题受到关注，网络公共舆论的话语空间为社会治理提供了话语支持。

从政府角度而言，公众舆论的形成为现代社会治理提供了话语支撑，集中体现在舆论对政府以及传统媒体的倒逼作用，尤其是网络舆论从网络热度话题出现到带动传统媒体跟进，再到政府监管部门对舆论热点事件的处理和回应，这通过网络舆论带来的一系列连锁反应正是对提供话语权的写照。其中，政府作为国家管理者，通常因为信息不公开、不透明，相关政府工作部门或人员不作为、乱作为等原因而遭到公共舆论的指控。政府与社会大众之间的沟通不畅是人们利用网络舆论来倒逼政府的直接原因，也是网络舆论形成的主要原因，甚至一度出现两个舆论场的说法来暗示官方信息和民间信息的不统一。然而，让人们形成对官方话语不信任的往往并不完全是受到社会事件真实性的影响，而是人们长久以来形成的对主流话语的固有偏见导致的，网络舆论传播的意见也并不一定是真实的信息，而是人们出于对自我话语权或者私意的维护而产生的。网络媒介作为公众舆论的“新担当”，在凝聚社会个体意见方面有着不可替代的作用，从个体观点到群体意见再到社会公意，这是一个个体集结为群体，群体融合成公众的变化过程。在这个过程中，社会公意始终表现为自下而上的发展方向，而政府发布的官方信息通常表现为自上而下的传达方向，在网络舆论中无论官方意志和民间意见以何种状态出现和对接，实现公共利益都是其共同的目的和追求。

三、媒介责任

20 世纪初，媒介被资本裹挟着开始偏离早先引以为傲的新闻专业主义轨道，逐渐陷入为经济垄断服务的尴尬境地，新闻媒体作为“社会公器”肩负着一份重要的社会责任。对媒介自身、社会公众及政府来说，媒介在参与社会治理的过程中，不仅要做到坚守工作和道德的双重底线，还要监督政府管理行为及凝聚社会公众的意见。

1. “社会公器”

20 世纪 40 年代，美国新闻自由委员会提出媒介的社会责任理论，强调大众传播媒介对社会和公众应该承担一定的责任和义务，媒体有责任“通过提供关于公共事务的信息、讨论或辩论来服务于政治制度”①。20 世纪是属于整个世界的“震荡期”，新闻媒体在这一时期获得更大的发展空间。伴随着经济垄断的开始，媒体领域的垄断活动也席卷而来，对市场利润的追求让新闻自由因被滥用而遭到严重的破坏，基于新闻专业主义而形成的道德法规和业界标准越来越成为形式化的存在失去原有的效力。大众传播时期媒介的社会责任由专业媒体机构和职业媒体人来坚守，而在信息时代，人们被塑造成“人人拥有麦克风”的传播者，人们掌握着信息传播的主动权却缺少承担媒介社会责任的意识，话语权的零散化分布让社会责任也同时被细化，需要社会个体传播者来共同坚守。网络媒介让媒体的形式呈现出多元化的发展态势，尤其是在以社会个体表达为主的自媒体平台中，媒体的“把关”因传播内容的庞杂而难以进行规范化的界定，即使是拥有后台信息过滤技术及人工筛查的双重支持，也不能保证显示信息内容的无害性。面对这种情况，社会个体是否能够具备作为传播者的自觉及认识，是否能够考虑到自身传播的信息应当具备正当性，是否能够对社会大众肩负起守望社会、关照社会的责任决定了现代媒介社会功能实现的力度。

早在报刊发行时期，人们就开始注意到“宣传”的存在，并在一系列

① 郭庆光. 传播学教程［M］. 北京：中国人民大学出版社，1999：138.

的革命活动中认识到媒介对思想传播的重要性。伴随着以报纸为代表的大众媒介自上而下地深入社会各个阶层中，关注新闻媒介的研究者开始探讨新闻的生产过程及对人们社会生活带来的变化。在新闻媒体的生产活动中，对新闻工作者职业操守的重视可以看作人们对大众媒介关注的开始，正如《新闻学纲要》作为我国最早的新闻学专著，其作者徐宝璜在书中写道：“新闻纸既为社会之公共机关，故其记者亦为社会之公人，责任匪轻。处之宜慎，遇事当求其真。发言应本乎正，本独立之精神，作神圣之事业。”① 其后，王韬也曾对早期新闻工作者提出过相似的职业要求，即“其立论一秉公正，其居心务期诚正”，早期新闻记者的新闻思想和业务作风为后来新闻工作的开展奠定了基础。在报刊作为主要大众媒介时期，“记者”掌握着绝对的话语权，新闻内容的公益性和社会性都是通过专业的新闻机构和新闻采编人员传递出来，媒介的社会功能相对容易把握和实现。作为接触新闻信息最多的群体，他们对新闻价值的判断影响着整个信息传播活动的效益，也决定着大众媒介在社会中的定位和功能。

从整个社会发展历史来看，任何一个种群要想生存和发展下去，都需要对周围的社会环境进行监视和守望以提防突如其来的危机，古人的“烽火狼烟”便是一种媒介，传递着预警的信息符号来守望社会安全②。在信息时代，网络媒介社会功能的实现更加细化，深入人们日常生活及政治议程中，因而对网络媒介社会功能的实现更加具有基础性意义。起初，人们与大众媒介的接触仅限于通过接收信息来了解“外面的世界”，而对社会上的绝大部分人而言，了解远距离的世界并没有解决自身温饱问题重要，这种生活条件的限制让人们主动接触大众媒介的欲望较弱。新闻报道的深度和社会价值增强，电视节目和泡沫剧开始出现，媒介呈现出的内容生产形成制作、加工、分联系在一起的系统化操作，人们对大众媒介的依赖程

① 徐宝璜．新闻学纲要［M］．上海：上海书店出版社，2011：96.
② 孙旭培．华夏传播论［M］．北京：人民出版社，1997：186－192.

度开始加深。在此基础上，网络媒介的到来让人们将媒介当作一个平台，人们在网络平台中对问题的关注不必再拘泥于以血缘、情感等伦理关系为纽带，而是能够针对具体的事件仅凭在观点、意见、看法上的相似或相同而集结成群产生倒逼现实的力量。媒介从传播信息的社会工具发展成为具备公共性的民主意见表达的“社会公器”，网络媒介中容纳着“公众”“公共”“公意”，成为人们直接互动的基础平台。

“社会公器”的说法源自西方，西方国家将新闻媒体看作一种“公共舆论的载体”，认为新闻媒体社会功能主要是通过公共舆论实现的：一方面，新闻媒体要监督政府的管理行为；另一方面，新闻媒体还要凝聚社会大众的意见，成为连接各类社会主体的纽带和通道。同时，由于西方媒体大多以私营方式为主，在经济利润的驱使下更多地展现出媒体的商业属性，媒体集团化的出现让其成为售卖信息咨询和文娱商品的商业机构，这种变化证明媒体体制和属性对媒体机构的社会属性起到决定作用。所谓“社会公器”必然是指对社会整体而言，围绕社会公共事务、关注公共利益的使用工具，媒介之所以被称为社会公器，也是由于媒介能够实现满足社会大众公共诉求的事实。同时，新闻工作者围绕社会责任而建立起一系列的职业道德规范履行，新闻界也开始形成有效的新闻监督机构和行业自律体系，新闻机构和新闻工作者的共同努力有助于媒介社会功能的实现。在满足社会大众媒介诉求的基础上，媒介的社会功能开始向实现人们政治参与和民主建设的进程中来，媒介在国家政治管理和社会大众政治诉求方面实现了有效衔接，网络平台不再只是人们社会活动的简单依托，而是实现社会大众民主参与愿望，完善国家社会治理体系的重要场所。

现如今，媒介的概念已经得到延展，不单单是广播、电视等大众媒体需要担负传播公共性信息，包括自媒体、社交媒体在内的网络媒体都应当在使用互联网的过程中注意到对公共利益的保护。尤其是自媒体的出现和繁荣让我们意识到传统意义上媒体的自律和他律内容已经略显不足，媒体和用户角色的统一，让社会个体同时担任内容制作分发和用户消费反馈的工作，传统的职业规划成为社会个体的角色设定，以往针对专业媒体的规章制度在这样的情况下发挥空间受到限制。在传播主体与社会主体已经高度重合的网络时代，对主体的权利义务的明确尤其是在网络空间中的权利和义务的再制定，在媒体与国家政治、国家经济、社会发展之间的关系日益紧密的情况下，对每一类社会参与主体的关注都是必要而紧迫的。媒介本身只是一种传播工具，但是使用者的使用方法和使用目的让媒介出现好与坏的区别，尤其是伴随着社会化媒介的广泛应用，媒介的适用范围已经逐渐深入社会组织和社会生活中的各个领域，通过文本的形式影响着社会大众的解读方式。

社会化媒介的便捷性和融入性在带来人的改变之后必然会促成社会变化的发生，然而这种改变既包含实现人们民主政治参与诉求的先进一面，同时潜藏着因为技术发展与社会认知不协调而带来的社会风险。例如，新媒体时代信息传播出现的失实、夸大等现象就是信息传播失范的一种表现，虽然新媒体技术固然存在技术伦理问题而造成这种现象出现的原因又较为复杂，但是人作为媒介活动中的参与者所起到的作用依然是最为关键的。对社会大众而言，新媒体的准入门槛低和去中心化释放了他们的话语权，但是，相比于专业新闻媒介工作者明确的职业素养要求，单纯地依靠道德规范和行为呼吁来规范社会大众的传播行为实则是一个棘手的难题。政府、媒体、社会大众需要在新闻传播过程中履行自身的义务、践行自身的责任，无论是哪一种参与主体都需要清晰地认识到自己在社会公共事务中的定位，人们通过网络媒介催生公共舆论的同时，不能任由舆论中裹挟的社会情绪自己发展以影响社会安定，所以有针对性的舆论引导工作成为必然。

2. 风险信息的“规避仪”

自古以来，人们一直在为如何顺利传递风险信息进行着尝试和努力，从商周时期的“烽火狼烟”到后来“八百里加急”的出现，这些都是人们具备风险意识和希望把握风险信息的早期表现，而狼烟、信件等一系列介质无疑就是风险信息传递的使用媒介。自 1922 年德国社会学家乌尔里希·贝克（Ulrich Beck）正式提出“风险社会”的观点之后，人们洞察到现代性在社会变迁过程中可能有潜在危机，开始倾向于关注如何以理性的、积极的方式来解决这种现实困境，由此拉开关于现代性问题的讨论帷幕。互联网的出现曾让致力社会风险研究的学者看到了希望，认为新的技术可以解决以往社会风险中的一些难以攻克的难题，但网络技术本身并不是完美无缺的，在带来希望的同时也出现了学者没有想到的问题，尤其是在网络舆论出现之后，对网络舆情的把握和网络舆论的引导成为社会治理中的重要课题。交互性是网络媒介最大的特征，它实现了受众在传播构成中的角色转换问题，通过建立社群，将网络人际关系拓展，然而网络呈现出的优势，正在消解人们对网络传播危机信息的信任度，反而让人们选择漠视更容易获得的风险信息。这一点恰巧验证了普里特威茨对技术副作用的反思，网络媒介的出现在解决传统社会问题的同时又引发出新的社会风险。

事实上，关于“风险”至今仍未出现统一的定义，通常情况下人们倾向于使用“损失”和“不确定性”来描述风险的概念化特征；但是，伴随着人类活动和社会变迁的复杂性加深，人们开始警觉这种不确定性可能带来的负面效应，这成为人们主动接触媒介寻找相关信息的最初动力。网络技术与社会大众的关联性处于不断加强的状态，互联网已经成为人们日常了解信息、接收信息和传递信息的主要途径。由于在新闻报道方面，大部分的风险信息都是通过主流媒体传达给社会大众，而网络技术让主流媒体摆脱了以往的版面限制和成本花销，可以随时随地地将信息进行传播，其中最常见的当数健康类资讯的传播。公众、媒介和技术作为与风险沟通相关联的三个重要因素，互联网的出现将三者集合在“新奇而自由”的虚拟情景中，高黏性的网络关系让任何问题的发生都可能出现难以预知的连锁反应。面对互联网技术不断深入人们日常生活的现实，对风险问题的研究也从关注如何向公众传递风险信息升级到了解公众如何接收和认知风险信息的层面上来。

“9·11 事件”是全球关注风险问题的一个关键点，我国则是在 2003 年的“非典”事件后开始关注风险信息的传播问题；在这些重大社会事件发生之后，大量的关于如何感知风险、如何评估风险及如何制作风险决策的相关研究得到人们的重视。按照历史的逻辑来说，学者预设通过提供咨询与行动指导，人们就会以理性的方式行动，也就是人们能够适当地采纳资讯并进行评估。但是行为经济学领域的研究者发现，人们的认知和他们的行为之间呈现出断裂的状态，非理性认知出现的概率高于理性认知。无论是自然灾难还是突发性社会事件，在信息传达上的首选标准都是新闻价值而不是公众需要或必须知道的基本知识，在新闻媒体中较低的出现率也影响了社会大众对相关信息的接收。在关于互联网和风险沟通的研究中，片面地强调报道内容的做法和信息传达的方式，或者片面地集中于讨论民众知识的缺乏和媒体应当扮演的道德角色，但这些研究的前提都是建立在民众能够完全接受媒体所传达的信息的前提之下，对受众不信任甚至不接收信息的可能性却有所忽视，更无法谈及对其中因果关系的考察。

恰如海德所言，普通人在日常生活中对周围的事物和环境存在了解的欲望，他们试图通过解释相关行为而从中发现因果关系。① 人们在使用互联网的过程中也开始产生探究互联网对自身的影响，产生网络技术没有实现风险传播预想效果的原因何在，以及网民受到哪些因素影响而产生漠视态度等问题。H. 凯利（Kelley H. H.）认为，人们在试图解释某种行为时可能会涉及三种形式的归因，即归因于行动者、客观刺激物和行为主体所

① 该论断为海德（Fritz Heider）的朴素归因理论，1958 年，海德在其著作《人际关系心理学》中首次提出这一理论［援引自乐国安，管健《社会心理学》（第二版）中国人民大学出版社 2013 年版］。

处的情景或关系。① 风险信息的复杂性难以传播，传播错误就是假新闻，为确保正确在时效性上又会出现问题，而风险信息对准确和真实的要求要高于其他任何一类新闻内容，但是真实的风险信息在真实性上存在表达的复杂性，风险信息的传播过程变得复杂，让风险信息的发布通常处于延迟和空白的状态，从侧面放纵了假新闻的出现和传播。在益普索发布的《2018 年全球假新闻报告》中发现，人们对媒体的信任正在下降，大部分人表示他们经常看到假新闻，而且人们认为媒体上的假新闻正在增加。此外，调查发现人们对假新闻的定义也是模糊不清的，被调查者认为报道内容错误的新闻也是假新闻，这种认知留给媒体在制作新闻时更为狭小的空间，报道内容受到了更为严苛的要求，一旦出现错误信息进行更改，则会使得媒体的公信力受到网民的怀疑，让风险信息的传播进入饱受大众怀疑的恶性循环当中。

在主流媒体的信息传播缓慢或者不言不语的状态下，网络媒体中的信息流通是非常快速的，互联网用户首先接触到的就是这些发布者或传播者身份模糊的信息，这种信息内容会带给用户们先入为主的印象。片面地相信网络流传的信息是真实的，继而转发扩散给其他人，让信息传播的范围变大。后真相时代的到来让反转新闻成为常态，网民沉浸于浅阅读的习惯当中，对新闻真实性的追求逐渐变低，个人思考的空间和时间都在被压缩而不再愿意花费时间来辨别新闻内容的真假，沉溺于海量的网络信息中，选择性地漠视风险信息。这种选择性的信息传递可能传播的是与个人或者家庭息息相关的信息，方便他们帮助别人来规避风险，但是，这不一定是带有社会性的信息，这种选择性的传播行为会在不同阶段漠视风险信息，麦克卢汉认为“世界成为地球村，但是部落化的分布让人们实际上处于与外界的断裂性状态”，实际上人们依然沉浸在熟人世界。人们生活在现实

① 该论断为 H. 凯利（Kelley H. H.）的三度归因理论，[援引于乐国安，管健《社会心理学》（第二版）中国人民大学出版社 2013 年版]。

环境和媒介环境相互重叠的复杂环境中，有来自现实社会和媒介因素的双重影响，在两种环境条件下人们对接收到的信息和接触到的事实都保持着不得不质疑的态度，这种态度的出现让事物的原本属性和面貌背后潜伏的风险获得更大的迸发可能性。

风险信息的新闻报道中通常会夹杂着很多灾难性画面，容易引起人们的注意力和负面情感，伴随着新闻报道中其他人群的遭遇，画面外的观看者出于共鸣而出现感同身受的心理活动，继而出现伤心、失望、失落甚至是愤怒的负面情绪。然而根据 Michael A. Cohn 等人的实验研究发现，人们的负面情绪会在接触到信息的两周之后开始发生变化，逐渐恢复到灾难发生之前的情感状态，但是接触者的认知能力却会变得比之前更低，原因在于负面情绪尤其是焦虑、恐惧等波动较大的情感表现可能会降低人们理性处理复杂信息的能力。① 风险信息本身就带有引发负面情绪的可能性，而在虚拟社区中流通的风险信息集合众多参与主体的情绪尤其是负面情绪后将会带来超越个体情绪的严重后果。如果某一类风险信息被群体讨论后没有得到大多数人的采纳，而是被选择性地解读，则可能会让传播目的和传播效果背道而驰。公共领域中的网民为了保证自身在虚拟社区中的参与地位，可能关注的是社群中的多数人赞同的是什么，而不是选择接触和支持风险信息的具体内容，整个社群陷入沉默的螺旋，只关心维持现有状态而不是风险信息本身。对传播内容本身及其真实性的忽视，实质上也是对风险信息的一种漠视行为；参与社群的互联网用户或主动或被动地受到来自虚拟人际关系的约束，带着隐形身份的人群的集中并不能消减陌生感的存在，反而因为从众心理而将风险信息置于边缘位置。

---

① Michael A. Cohn, Matthias R. Mehl, James W. Pennebaker. “Linguistic Markers of Psychological Change Surrounding September 11, 2001” [J]. *Psychological Science*, 2004, 15 (10): 687 - 693. 转引自谭跃，萧萍. 线上灾难传播的议题设定效果：高雄气爆事件中媒体脸书粉丝专页主文与回应文的互动影响 [J]. 新闻学研究，2019 (138): 163 - 224.

第三篇

优化治理篇

第五章　技术和服务

“互联网+”① 这一概念可以被简单地解释为万物互联，它是在互联网的基础上实现连接对象的升级，将互联网从信息媒介的角色转换为人与物之间的传感连接器，在满足人们的物质需求方面，实现对时间和空间限制的突破。互联网不仅仅是一种技术工具，还是一种新的生产生活状态。面对这一社会背景电子政府应时而生，政府网站的出现不仅是电子办公规模化的开始，也是现阶段向社会大众展现政府相关政策信息、提供相应数据服务最重要、最普遍的公共平台。尤其是在交通管理、天气预警等方面的网络技术应用效果较为突出，其中，“天眼”系统的建成对社会治安管理提供辅助作用，打拐平台的设定为打击拐卖等违法犯罪行为提供帮助。此外，以官方网站、官方微博、官方公众号为组合的“两微一端”在信息传播过程中起到了让政府信息公开透明、表明立场的作用，为树立阳光政

① “互联网+”的概念，最早出现在2012年11月14日，由易观国际集团董事长提出；随后，腾讯公司首席执行官马化腾强调了这一概念，他认为可以将“互联网+”简单地理解为“连接一切、万物互联”；最终被写入国务院《2015年政府工作报告》中，从此“互联网+”上升到国家战略层面。

府形象做出贡献的同时，通过新媒体平台及时有效地倾听民声、收集民意的做法，让社会治理实现有的放矢的目标。

一、智慧型政府

“创新”是数字时代的技术围剿中脱颖而出的珍贵资源，在网络技术已经引发社会变迁的环境下，如何实现现有事物和关系的再创造成为拓展自身发展空间的关键。智慧型政府在社会治理的过程中依靠信息技术支持，以主体互动、信息开放、资源共享为主题展开社会治理活动，预期实现政府管理和公共服务的法治化和精细化。

1. 从数字到智慧

20 世纪 70 年代，发达国家为解决业务数量和工作效率之间的矛盾，开发出一门综合计算机技术和互联网普及的新技术——办公自动化（Office Automation，OA），它的出现不仅改变了政府工作的操作模式，还创造出政府为公众服务的操作系统，被视为电子政务的初始形态。办公自动化是高新技术在工作领域中的颠覆性节点，为网络技术应用到政府工作提供了铺垫，自 20 世纪 80 年代起，每 10 年进入一个新的阶段，依次经历以传真机、打字机、复印机的使用为代表的办公设备阶段，通过计算机进行文书资料的存储、排版和输出为代表的简单操作阶段，以及融信息处理、业务流程和知识管理于一体的综合系统阶段。① 由此可见，技术已经成为影响政府办公的质量和效率的重要因素，维护国家安全、满足公众需求是政府采用先进技术手段的先决条件，同时，节约人力资源和精简办公体系也成为政府为有效实施社会治理方法的必要考量。而办公自动化只是政府采用电子政务的开始，随着社会发展的脚步加快，面对行政事务日益复杂的现实情况，建立以互联网为基础的政府工作平台，启动数据算法技术，为满

① 李慧勇，郑艳明．国内外办公自动化的研究现状及发展趋势［J］．科技信息（学术研究），2008（17）：7.

足政府的工作需求和社会大众的生活需求提供了条件，而作为电子政务高级形态的“智慧政府”得到管理者的关注。

“智慧政府”继“智慧城市”的说法后在美国出现，应时应景的特征相继被经济较为发达的国家纳入治理规划的范围里，例如，美国的“智慧政府建设框架”（Smart Government Framework）、日本的“i－Japan2015 战略”等①。自 2012 年起，针对科学技术在国家、城市治理建设中的积极应用，我国相继发布包括《关于印发促进智慧城市健康发展的指导意见的通知》《2014 年 ICT 深度报告》《中国智能电网与智慧城市发展研究报告》等一系列文件，试图推进城市信息化水平、加强智慧城市建设。通过这些战略政策可以看出，根据不同国家各自的社会背景和经济基础不同，在践行“智慧政府”理念的过程中所采取的治理手段和治理途径也不同，最终会导致在各地区、各部门、各行业中的资源配置存在不小的差异。“智慧”一词在国家管理领域中的出现，直接说明科学技术在管理过程中应用程度的加深，而技术的应用通常会首先借助媒介形态体现出来，并借助媒介平台投入社会各行业中，同时，这也是技术从人们日常生活到国家管理全贯通的集中表现。另外，根据技术治理领域的使用范围和应用深度不同，人们将智慧城市的具体使用情况进行分类，例如，有学者将智慧城市体系按照技术条件划分为“城市感知层”“数据传输层”“数据活化层”“支撑服务层”“应用服务层”以及“行业应用层”六个层次②。

智慧政府的建立绝不单单需要科学技术的支撑，在整个流程中“智慧人”的存在同样重要，而面对新媒体技术的政府、社会组织、社会大众都兼备媒体用户和治理主体的双重身份，如何把握新媒体技术在社会发展过程中的定位成为影响治理效果的关键。人工智能、5G 以及物流网等技术手

① 各国关于“智慧政府”的具体内容详见附录一。

② 王静远．以数据中心的智慧城市研究综述［J］．计算机研究与进展，2014（51）：1200－1239．转引自：李思睿．基于大数据背景的智慧城市应用综述［J］．电声技术，2018（10）：72－73＋76．

段不仅应用在以工业为代表的产业发展层面，更多地体现在对人们日常生活方式的改变，其中，最为普遍的就是技术在媒介领域的应用。尤其是在网络化、数字化社会形态已经形成的情况下，除了通信功能之外，新媒体技术正在更多的行业领域中发挥作用，例如，物流系统、交管系统、缴费系统等。而伴随着技术的提升，“智慧”一词成为各行各业中新形态、新模式、新方法的代名词，于是，不断出现“智慧政府”“智慧城市”“智慧社区”等说法，说明技术手段对现代生活的影响日益加大的同时人们对技术的依赖性也逐渐加深。以往人类社会发展过程中积累和获得的“知识”和“经验”大部分以书本形式零散留存，而数据库的出现则将这些知识经验以数据的形式储存在一处，这种集合式的资料库成为治理体系和公共服务智能化的基础。

“智慧政府”是从“智慧城市”的概念中引申而来的，带有鲜明的社会管理和市场建设意味，着重强调社会化、智能化的公共服务，坚持“以人为本”的治理理念，主张“为人而生、为人所用”的技术治理。智慧政府概念的出现是出于人们对国家管理方式优化的愿望，任何一个社会治理参与者的最终目的都是在实现社会环境改善的基础上带来现有生活水平的提高。智慧政府更为关注的是“互动、开放、共享”理念的实践，这与现代社会治理的参与、互动的基本特征不谋而合，都旨在强调对社会大众需求的重视。智能化、精准化治理方式是在国家治理观念转变的基础上出现的，而治理观念的变化则是源自社会环境甚至是社会结构的改革升级，而国家治理方式的存在必然要适应社会内部体系的变动才能有效地推动社会的发展与进步。泛化来看，虽然造成政府治理观念转变的原因是复杂多样的，但与国际环境、国家体制、社会观念等因素都有密切的关联，如果从新媒体技术与社会治理模式之间的关系来看，社会治理模式的更新换代与媒介效果的发展研究史十分相似，即从单一的、单向的模式过渡到双向的、互动的模式，都经历过从以制定者、发布者供给为主到以接收者、使用者需求为主的观念转变，最终呈现出现阶段“用户至上”的服务思维。

智能办公系统的出现是政府业务工作精准化的前提，对政府工作者而言，智能办公系统减少了以往因为信息不足和资源短缺而带来的问题，高效率的查找功能和多部门的资料联网让政府内部、政府与政府之间、政府与政府外部的联系更加便捷，例如，从智慧政府的网站的设计上来看，网站的定位和做法的侧重点都选择性地倾向于技术服务的理念（见表5－1）。公文管理功能、项目审批程序、效能管理平台是目前各级政府信息化系统具备的基本功能，目前的办公系统基本符合政务办公特性，能够支持PC端、移动设备的一键同步，以使用概率较高的流程审批平台为例，已经完善包括签批、知会、抄送、转办、加签、会签在内的多种办公方式。政府在社会治理过程中的用户无疑就是社会公众，而我国政府的服务对象是人民，通过网络平台将政务服务内容向社会公众公开运行，强调社会公众在社会治理过程中的主动性和积极性的同时，也能及时接收社会公众的真实想法，这些都是通过网络媒介建设现代城市甚至现代化国家所采用的交流方式。

表5－1 智慧政府门户网站建设思路概述

智慧政府门户网站的建设思路①		
定位	做法	需要注意的问题
精准感知用户需求	多维细分用户需求	属性划分
	及时探测需求热点	实时关键词
	全面总结访问规律	种类及其变化
有效组织服务供给	快速定位网站服务短板	匹配程度
	及时改进与优化网站服务	访问数量
	建设移动智慧政府门户	移动设备

① 表格内容根据国家信息中心信息化研究部于施洋等人的《基于大数据的智慧门户：从理念到实践》（《电子政务》2013年第5期第65－74页）一文的相关内容整理而成。

续表

智慧政府门户网站的建设思路		
定位	做法	需要注意的问题
提高网上响应能力	开展搜索引擎可见性优化	排名与推送
	提高不同访问终端的可见性	显示与兼容
	充分利用互联网优势资源推送服务	网站链接
动态管理服务绩效	构建智慧政府门户测评体系	评估指标
	建立网上服务绩效管理平台	数据
决策支持的可视化	为领导科学决策提供可视化数据支持	云服务、内容
	为网站管理部门改进服务提供决策参考	云平台

“智慧”一词在社会治理甚至国家治理中出现并且得到各国政府的认可，不仅是因为新媒体技术席卷全球的不可逆转的发展态势，更多的是因为它对解决现有人们生活问题和提高政府工作效率的显著功能。另外，以人工智能、物联网为代表的新技术在改善人类发展进步的过程中起到真实的积极作用，大数据、云计算等技术手段的应用让现有情况得到改善，尤其是在涉及大范围社会个体的运营体系中的使用效果更为明显。互联网的普及让人们进入信息化时代，如何运用现代化信息技术手段成为整合社会资源、创新社会治理、拉动社会发展的关键，而身处于信息化社会中的社会大众把握着技术应用的走向。以技术为驱动力的政府工作方式的创新升级，将政策、业务、服务等各类工作领域中的工作重心在集中之后又能够有所细分，从意见收集、制定参考、数据支持、信息分发、观点反馈等各个环节实现资源优化配置，进而为迎接和完善万物互联时代的智能治理提供可参考的“数据积累”和“知识积累”。

2. “互联网+政务服务”

现阶段，通过网络管理在线数据资源层面，从社会大众的需要出发让政务服务达到精准化标准是现代国家结合网络媒介特征，进而在社会治理方面做出的政务服务调整。起初，由于网络媒介的应用功能尚处于技术开发的起步阶段，政府在社会治理过程中对网络媒介的应用并不充分，尤其是在电子政务理念普及应用之前，政府门户网站和服务平台的建设只是智慧政府整体布局中的一部分，却没有实现政府与社会大众之间积极的互动效果。网络媒介的普遍应用让政府开始重新认识技术和社会大众潜在的“活动力”，也见识到“用户至上”运营思维需要活灵活用，从而发觉社会大众已然成为影响甚至决定政府工作决策的重要因素。尤其是政府在网络平台的搭建和使用中，人是社会治理体系开发的出发点，政务优化和服务完善是媒介在社会发展过程中的进一步功能延展，都是出自对公共服务体系的健全和用户使用体验的考虑，无一不是在践行“以人为本”的创新观念。

“互联网+政务服务”并不是简单地使用互联网完成行政工作而已，而是依据现实社会基本情况的变化，在管理、服务和基本秩序管控等方面采取相应措施、做出调整、形成相应的制度机制和组织体系，这一系列的做法被视为“互联网+政务”。① 这些做法首先在政府网站的政务服务功能方面得到切实的施行，通过人们普遍接触的政府网站将政策实实在在地落实为人们看得见、摸得着的公共资源，让人们在日常生活的使用中感受因此而带来的福利和体验。例如，自2016年起，广东省率先进行政务服务的改革创新工作，其中，广州市的“一窗式”和佛山市的“一门式”服务改革比较具有代表性，这些服务改革的提出在优简化政务工作服务流程方面提供帮助。随后，北京市、上海市、深圳市、成都市、武汉市等一、二线城市相继建立起以社区为单位，具备公共服务、信息共享等功能的综合性数据平台。我国政府工作对技术的应用并没有简单地停留在中央一级的工作系统设计层面，而是将网络媒介的应用深入各级城市，让技术应用真正“落地”，与社会大众接触，人们在使用中发现和反馈关于网络政务服

① 后向东．“互联网+政务”：内涵、形势与任务［J］．中国行政管理，2016（6）：7.

务工作的可改进之处。

在没有网络数据库之前，无论是行业还是部门之间的资料都属于“不理想”的流通状态。由于信息资源的“淤塞”甚至会导致产业发展的延缓现象；但是，数据库的出现让资料的集成和分享成为可能。技术手段的应用让任何依托于网络信息平台出现的服务采取“线上集成”和“线下分存”的方式，在通过互联网或移动媒体提供政务服务时，相关部门之间不仅要有数据管理上的互通合作，还要利用这些真实数据达到决策精准化的目的。伴随着移动媒体的普及和人们花费在移动媒体上成本的增加，政府服务系统的集成性能的运行标准更加细致严谨，从而陆续创建出网络预约、网络审批、网络发布、网络反馈的综合性服务平台。互联网已经成为工作人员与社会大众互动的主要途径，而一旦涉及工作内容和公民隐私等信息安全问题，对数据库的信息存储和信息管理则需要人员和技术方面的双向努力，这不仅具备统一身份认证功能，标准化、规范化的网络平台工作模式也是不可或缺的，智能化的办公系统为人们完成相关业务办理流程提供优化路径，尽可能精简业务办理的步骤和程序，同时减轻工作人员和社会大众的花费成本问题。

现阶段，我国已经实现依托网上政务服务平台实时录入相关信息展开工作的阶段，个人业务办理实现“线上流程”，从网上申报到排队预约，再到录入核实信息、查询审批结果这一系列的相关活动都能够在网上流畅进行，减少人们因为不熟悉流程或材料缺失而带来的精力消耗，避免政府工作人员重复性作业的低效问题的发生。技术平台在降低现有政府工作成本消耗问题上的优势十分明显，这无疑是对有限社会资源的节约，同时，网络化、智能化的政务服务方式让办事群众和工作人员之间的交流路径发生改变，这种变化的出现给予人们重新认识和定位政府工作质量的机会，为提升政府形象提供了帮助。“互联网 + 政务服务”的出现无疑让工作人员和办事群众之间的沟通更为便利、更加流畅，大量的前期工作以线上形式展开，整个过程都会以数据的形式保留下来，让工作办事有“据”可依，有“迹”可循，避免此前出现的多次推诿工作责任的事件发生。此外，各级政府办公大厅和基层社区中自助终端机的出现，以及各个政府办事机构的应用软件的普及，成为线下政务服务补助线上服务的助力，从而达到让群众“最多跑一次”的效果，让简单的办理工作在机器终端进行操作，人们在办理过程中通过自助的方式来减少因为沟通不畅而引发的不必要的摩擦，避免其他因素的干扰。

在“互联网+政务服务”体系中，数据的合理使用离不开数据管理模式的正常运行，模式是设定数据使用方式和流动走向的框架，因此，科学的、合理的数据管理模式至关重要，它关系到整个政务服务网络的安全和运作问题。传统的数据管理模式以收集数据、存储数据、分析数据和输出数据为主，而在云计算等新程序出现后，数据管理模式的升级换代也势在必行。通过添加新升级的计算方法数据的应用范围开始扩大，整个社会都可以被设定为数据，被计算方法统计在一起，任何实体在依据计算模型整理后都成为社会计算体系中的一个“数据”，而这些数据就是运行精准化的网络政务服务的前提。数据库中被集结在一起的数据就是社会资源的精髓所在，尤其是对强调网络媒介技术应用的现代国家治理而言，数据就是国家、政府及每一个社会治理过程中的参与主体，人们既是数据本身也是数据的使用者和制造者，在社会数字化运行的背后依然是“以人为本”的社会治理理念。

数字技术和网络媒介的应用是实现精准化定位及提高政务服务质量的使用方式，如何利用不断升级换代的信息技术提高政务工作和服务水平已经成为政府实现法治化、精细化治理的重要环节。我国正处于深化改革的关键期，在这一时期，社会环境和社会结构都可能会发生明显的变化，尤其是面对新媒体深入渗透人们生活的社会现实，个人、组织和社会共同参与的社会治理体系越来越向人性化、精细化转变。而这些期待中的变化则被认为具体表现在四方面，其中包括放权服务的治理理念、柔性开放的治理态度、平等合作的治理方式和对话沟通的治理模式，从治理理念、治理治理态度到治理方式和治理模式，在主观意识培养和客观行为规划层面上都提及对社会大众的关注和重视。无论是哪一种技术手段的应用，所面对的对象都是社会大众本身，社会个体通过技术改变的是个人的生活条件，而社会大众通过技术可能改变的则是大众的社会环境，群体性力量的普及和提升会促使客观因素带来人们对社会在认识和态度层面的波动，这种整体认知的变化则是让现代国家发展进步的支撑力量。

3. “一网、一门、一次”

Web2.0时代“人”成为互联网平台的灵魂所在，这种由技术带来的观念转变让掌握社会权力的管理者清晰地认识到采用服务于社会大众的管理模式是一种必然的选择，网络媒介已经成为国家政务服务活动中的基础设施。面对这一现实，管理者纷纷开始提出能够适应社会发展趋势的技术方法，“智慧政府”“智慧城市”的说法应运而生，从办公、监管、服务及决策等方面实现法治化、精细化的社会治理愿望。虽然将网络技术应用在社会治理层面已经成为世界各国普遍采用的治理方式，但是，由于社会环境和政治体制的差异，网络平台的搭建在世界不同地区出现截然不同的使用效果，尤其是在政治资源分配的问题上表现得相对突出。网络技术的出现不仅提供给政府在政务服务方面的新平台，实质上它也带来政府管理理念的一次改变，传统的社会治理都是自上而下的工作传达模式，在传达的过程中人们只了解政府要展开的政策内容，而缺少对政策实施过程中需要的参与感。

2018年，国务院办公厅发布的《进一步深化“互联网+政务服务”推进政务服务“一网、一门、一次”改革实施方案》中提道：“推动企业和群众办事线上‘一网通办’（一网），线下‘只进一扇门’（一门），现场办理‘最多跑一次’（一次），让企业和群众到政府办事像‘网购’一样方便。"① 这一改革实施方案将网络媒介、业务服务和社会大众三个因素全部联系在一起，参与主体在现实场景和媒介环境之间重叠和再现，围绕社会大众的角色设定凸显出对社会资源分配的关注，通过网络媒介的形式来培养社会大众对政务服务新模式的适应习惯。该方案的提出为全国各级地方政府实现政务服务体系改革提供了帮助，其中，"一网通办"的关键在于"通"，落脚在于"办"；它被视为智慧政府建设过程中的基础设施，主要通过将以往分散的政务数据集中在一个功能性平台上，无论是企业还是个人都只需要进入一扇门就能够办好整个流程的相关事项。便利性是网络政务服务设定之前便已经预想到的特征，除此之外，在网络媒介的使用过程中人们通过平台的连接将业务活动的实现成本进行压缩，在网络媒介的使用基础上排除或减少人们在包括财产、时间和精力在内的多方面消耗，资源的节约和循环利用成为由此带来的直接效益。

信息化建设是政务服务的初级形式，也是我国进行智慧城市布局及智慧政府建设的初始阶段，信息化设备的硬件基础为全媒体甚至后期的智能应用提供前期准备和数据基础，新媒体参与社会治理所带来的便利性和系统性在这一层面得到回应。自十八大以来，我国"互联网 + 政务服务"建设不断深化，"惠民""共享"成为国家推进"互联网 + 政务服务"相关方案的关键词，社会大众的身份逐渐丰富起来，角色多元化带来的直接结果就是群众需求的市场细分。例如，厦门的"五个一"、长春的"一门式、一张网"等地方政务服务体系建设，正是网络媒介精细化定位的表现，根

① 针对这一总体要求，在《进一步深化"互联网 + 政务服务"推进政务服务"一网、一门、一次"改革实施方案》中指出：到 2019 年年底，重点领域和高频事项基本实现"一网、一门、一次"。在"一网通办"方面，省级政务服务事项网上可办率不低于 90%，市县级政务服务事项网上可办率不低于 70%；在"只进一扇门"方面，除对场地有特殊要求的事项外，政务服务事项进驻综合性实体政务大厅基本实现"应进必进"，70% 以上政务服务事项实现"一窗"分类受理；在"最多跑一次"方面，企业和群众到政府办事提供的材料减少 60% 以上，省市县各级 100 个高频事项实现"最多跑一次"。

据各地方区域的基本情况结合当地问题有针对性地形成各具特色的政务服务体系。实际上，网络媒介在社会治理层面的应用既是社会治理手段的创新应用，也是对新媒体功能属性的开发，媒介原本只是信息流通的介质，而今再结合社会治理理念之后开始出现满足社会大众政治诉求及生活诉求的新功能，成为人们社会生活中必不可少的新角色。

2018 年，“一网通办”服务平台的出现将政务信息、政府数据联系在一起，集中整合为能够实现一整套办事流程的功能性服务平台，使企业和群众在办理营商、文化、生活等方面的事项时更加便捷。门户网站和服务平台的建立是政府在社会治理转型方面的突破性表现，网络媒介在实现“国家政策—地方实践”方面能够更直接、更直白、更简单地让人们了解政策从而指导实践，这种借助网络媒介解读、说明政策内容的方法更好地实现了从文字到行动的过渡。网络理政的实际应用在“互联网＋政务服务”的支持下让政府信息公开和公共服务“接地气”，从细微之处融入百姓生活中去，如新疆维吾尔自治区“最后一公里”平台、宁夏回族自治区固原市涉农惠农平台、贵州省贵阳市数据开放平台、天津市北方网政民零距离网络问政平台、腾讯公司“腾讯为村”项目等，都是人们日常生活中期待的、需要的、能够解决问题的社会服务平台。这些政务服务平台与政府业务工作的综合性办理平台有所不同，它们具备地方性、行业性和专项性特征，并会锁定主要的使用对象群体，专门针对一些人们在社会生活中出现的具体问题，通过平台收集相关信息和意见，从而与相关主管部门联系进一步解决，在这一过程中实现从接收到完成的全电子化流程作业。

党的十九大报告在加强和创新社会治理领域，提出要建立共建共治共享的社会治理格局，并且提出社会治理的制度建设、提高“四化”水平和加强四个体系建设。① 信息化技术手段构建出多数据库协同运营管理的集成化平台，将人们日常生活中可能会涉及的业务部门集中在一起，既能节省政府部门单项投入的人力物力资源，也能简化人们办理手续时的环节，进而减少为此花费的个人成本。“互动交流”是网络媒介参与社会治理的一个核心发力点，由于传统的政府与社会大众之间的沟通只拥有单一交流路径和单向传播特征，即时互动一直是交流过程中不易解决的问题。在此基础上，网络媒介如何通过新媒体生产出新的社会资源被纳入人们的考虑范围之内，网络媒介在政务服务方面因技术应用而带来的口碑和风险正在同时发酵，使用效能创造的经济红利膨胀映射出社会价值观念的认知冲突，这些超越技术层面的新问题让社会治理的良性运转需要持续性创新来续力和承接，进而营造出媒介化社会发展的新生态。

二、网络舆论引导

第一个将“公众”和“意见”两个词汇联系起来的人是卢梭，他以此来向大众说明舆论的存在，具备现代意义的“舆论”一词开始进入国家管理范围内，而后的几百年来，舆论的生成平台辗转在人群聚集的地方，从露天咖啡馆逐渐过渡到时下的网络媒介。媒介化社会时期，网络舆论的出现加重了舆论对社会治理的影响力度，面对这一庞大的公众意见集合体的存在，舆论引导成为社会治理过程中的重要内容，从信息公开到信息发布，参与治理的社会主体之间的信息交流呈现出有来有往、透明流畅的健康循环运行模式。

1. 信息公开 数据透明

由于互联网的超文本链接功能，实现了文本、声音、影像的多功能产

① 此处所述与十九大报告相关的内容摘选自人民网文章《十九大关于加强和创新社会治理的新理念和新举措》（作者：向春玲）（http：//theory. people. com. cn/n1/2017/1211/c40764 - 29697335. html）。

品的展示，互联网用户在搜索、浏览和阅读的过程中能够更为全面和生动地了解相关内容。简单来说，微博、微信和客户端是现代政府政务服务信息发布的主要平台，也是政务新媒体和媒介相结合发展的开端，相比于最开始职能相似、相互混淆的情况，当下的“两微一端”已经有明确的、成熟的职能定位。在网络互动平台的交流功能被充分挖掘后，人们在各类虚拟社区中的集结状态让政府工作者认识到可以通过完善网络平台的互动功能来实现政府与社会大众之间的沟通，这种对网络媒介具体应用价值的考量是丰富政府业务工作方式的前提。在政务信息传播过程中三者都具备信息公开、收集反馈的功能，但是三者内容制作的具体方向又各不相同；其中，微博是官方立场的“发声器”，微信公众号针对基层群众提供追踪式服务，主流媒体客户端则肩负着宣传、引导的社会职责。

通信技术的便捷性和普及化成为首要问题，循序渐进的基础设施建设让人们从知道电信到接触设备再到使用网络平台和服务系统做铺垫，先进设备的引入和应用让社会治理模式开始发生改变并迸发出新的生机。此外，除却主流媒体的宣传报道，各种专门资讯内容也被大量地呈现在互联网用户的面前。互联网的出现和普及促成 2007 年《中华人民共和国政府信息公开条例》的出台，伴随着新媒体应用领域的扩大及人们使用频率的加强，2019 年 5 月 15 日起我国将开始施行修订后的《中华人民共和国政府信息公开条例》①。据中国互联网络信息中心（CNNIC）发布的《第 43 次中国互联网络发展状况统计报告》中显示，截至 2018 年 12 月，我国在线政务服务用户规模达 3.94 亿，占整体网民的 47.5%；同时，我国共有

① 修订后的《中华人民共和国政府信息公开条例》的具体内容详见中国政府网。该条例的链接网址为 http://www.gov.cn/zhengce/content/2019-04/15/content_5382991.htm。

政府网站[①] 17962 个（见图 5-1），主要包括政府门户网站[②]和部门网站[③]。全国政府网站基本信息数据库的建立，不仅实现了对全国政府网站运行总数的实时更新，还提供对全国任意一个处于登记运行状态的政府网站进行搜索查询的功能，起到帮助社会大众辨别政府网站的真伪、了解网站的基本信息等作用。（见图 5-2）

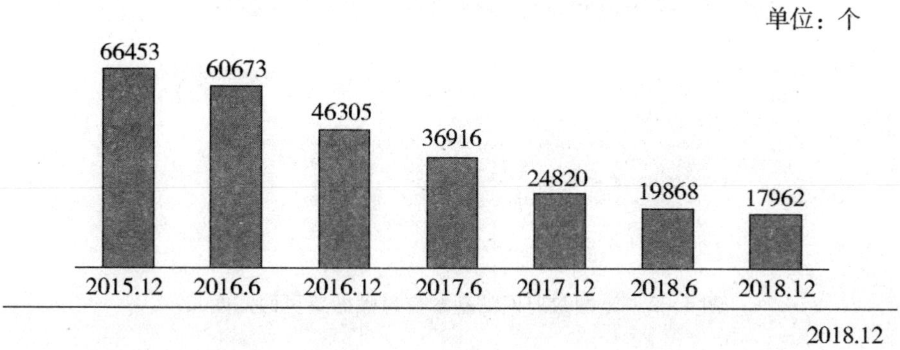

图 5-1　2015.12—2018.12 政府网站数量

来源：开普云。

① 政府网站是指，各级人民政府及其部门、派出机构和承担行政职能的事业单位在互联网上开办的，具备信息发布、解读回应、办事服务、互动交流等功能的网站。援引自 CNNIC 发布的《第 43 次中国互联网络发展状况统计报告》中的相关解释。

② 县级及以上各级人民政府、国务院部门要开设政府门户网站。乡镇、街道原则上不开设政府门户网站，确有特殊需求的特殊处理。援引自 CNNIC 发布的《第 43 次中国互联网络发展状况统计报告》中的相关解释。

③ 省级、地方级政府部门，以及实行全系统垂直管理部门设在地方的县处级以上机构可根据需要开设本单位网站。县级政府部门原则上不开设政府网站，确有特殊需求的特殊处理。援引自 CNNIC 发布的《第 43 次中国互联网络发展状况统计报告》中的相关解释。

图 5－2　全国政府网站基本信息数据库页面截图①

网络平台作为“智慧政府”实现智能化、精准化治理的基础条件，一方面在于政府对社会大众的全新定位，另一方面，则是政府对社会大众诉求的及时回应，政府将社会大众定位为服务对象，建立能够快速有效回应社会大众需求的反馈机制，以此来应对社会大众对政府服务供给方面的要求。2018 年 9 月，国务院办公厅印发的《国务院办公厅关于加强政府网站域名管理的通知》中对域名为“. gov. cn”的注册管理机构做出更为严格的审核流程和安全管理方式。当前的政府网站的页面主要设置三个基本功能，分别是信息公开类、网上办事类和政务动态类，以中国政府网为例，其网站主要功能栏部分包括新闻、互动等八项内容链接（见图 5－3）。截至 2018 年 12 月，各行政级别政府网站共开通栏目数量 27. 6 万个，其次为网上办事栏目，占比为 16. 4%；政务动态类栏目数量占比为 13. 6%。另外，信息公开是政府进行社会管理过程中的工作状态的实时更新。伴随着

① 该页面的链接网址为 http：//114. 55. 181. 28/databaseInfo/index。

网络媒介在政务活动中的广泛应用，人们对政府信息公开的要求变得更加迫切、更加具体，回应社会大众对政府工作中存在不信任、不理解的最好方法就是信息的透明化。据最新统计数据显示，截至 2018 年 12 月，在线运行的各级政府网站栏目中，信息公开类栏目数量最多，共计 19.3 万个，占比为 69.9%①。由此可见，信息公开的必要性和需求量都是极大的，“政府信息‘深藏闺中’是极大浪费”②。

图 5－3　中国政府网、中央人民政府门户网站主页功能栏部分

在现实生活中，相比于信息在数量方面只能依靠硬性的技术条件实现提升，人们获取信息的途径和目的的社会化意义更为明显。信息作为维系社会关系的基本元素，在信息的获得和传递方式上通常可以简单地划分为两种，即自寻和交流。互联网的出现被视为改变了人们获取信息的方式和途径，但实际上只是伴随着技术升级而出现的手段更新，带有实质性变化的是新媒体影响了人们对信息的认知和理解。媒体的介入让政府信息公开的同时满足了社会公众对线上和线下信息的需求，比较于零散化、常态化

---

① 数据援引自中国互联网络信息中心（CNNIC）发布的《第 43 次中国互联网络发展状况统计报告》第 48 页。

② 2016 年 5 月 9 日，李克强总理在全国推进简政放权放管结合优化服务改革电视电话会议上提到。

的信息传播，线下信息发布也越加完善，较为突出的当数政府相关部门的新闻发言人制度的完善。20 世纪 80 年代，我国正式建立新闻发言人制度，自 2003 年 SARS 疫情过后发展完善起来，大部分都是在发生重大事件或政策问题时才会启动。但是在全媒体、融媒体的提出之后，政府看到社会大众对政务信息的需求，开始出现定期的、常态化的新闻发布会，设定专门的新闻发言人向社会大众传递与公共利益相关的政务信息，及时回应公众普遍关心的问题。

科学技术本身并不具备任何有温度的属性，所谓的使用价值和社会意义是人们在接触技术过程中根据其呈现出来的效果所赋予的“附加值”，人们如何利用技术满足社会生活需要，通过技术完成社会劳动才是将技术转化为知识的关键。海量信息在带来信息便利的背后潜藏着新的信息难题，网络信息资源的合理应用成为发展的必然，而新媒体时代的社会治理依赖于信息智库的同时也必然会对其问题做出新的调整。新技术的出现改变了人们的日常生活方式，越来越多的日常行为通过技术手段来解决，社会议程开始在网络媒介平台中进行讨论和实行，这种情况的出现要求和催促政府的管理方式要迎合社会环境的改变来创新。作为以网络化、社会化而盛行的互动载体，新媒体一经应用便迅速跃居传统媒体之上，成为社会大众尤其是年轻群体的首选媒介，无差别的使用概率和高质量的使用体验将新媒体塑造成社会中的重要存在。社会大众知媒、善媒的媒介使用能力既成为社会大众进行政治参与的一种方式，也成为政府进行信息传播的应时选择，传统媒体的阶段性信息公开和以往的固化思维让信息公开成为少有的现象，但新媒体的融入让信息公开成为常态化展示内容。

2. 信息传播　官方立场

习近平指出：“党的新闻舆论工作必须创新理念、内容、体裁、形式、方法、手段、业态、体制、机制，增强针对性和实效性。要适应分众化、差异化传播趋势，加快构建舆论引导新格局。"① 在信息时代，海量信息在网络平台中流通、加工及再制造，信息的裂变式传播让传播过程从可计量的次数发展成为不可计量的反复式流通状态，而这些信息中人们仅仅依靠自身并不能准确地判断出真假，在有关于社会公共事务的信息出现时，带有官方立场的可信度高的信息发布成为人们进行判断及做出行动的依据。当网络舆论兴起时，来自四面八方的"声音"接踵而至在网络空间中混杂在一起，这些声音会伴随着舆论态势的演变和现实事件的处理进度而发生裂变、分化，抑或杂糅在一起衍生出新的"声音"。此外，传统的"信息孤岛"和"信息壁垒"因为网络媒介的出现而被打破，信息流通将社会大众带入"真相"和"空白"相互混杂的环境中。在舆论发生时，社会个体的"声音"演变与媒介环境和现实环境的"交织"容易造成人们的认知混乱，面对这一情况，政府在网络平台中的信息传播成为一种"事实"定位的引导者形象，担负着向社会大众说明和遏制谣言的责任功能。

新出现的媒介总是能够不断地补充或填补之前媒介的不足，进一步适应、贴合人们在社会生活中提炼出来的认知方式和使用习惯，新媒体用户的地缘比受众更为广泛，物理范围的延展让人们选择使用和信任新媒体的概率出现大幅度的提升。技术服务的丰富使社会个体参与网络媒介活动的机会增多，在网民数量提升的基础上成为人们社会情感投放和价值观念培养的新载体，社会个体以无差别的网民身份在进行网络活动时不仅仅是将其视为一种信息传递的工具，更多的是将它视为与社会现实平行存在的社会活动空间。网络媒体在网民数量值提升的基础上实现凝聚"人气"的目的，这些社会个体的参与基数成为网络舆论形成社会影响力的前提，在网络媒介形成大规模的网络舆论之后，网络舆论力量则反作用于社会个体的

① 陈力丹，刘海龙．解析中国新闻传播学 2018 [M]．北京：中国人民大学出版社，2018：139-142.

认知方式和行动方式。而这些网络媒介带来的社会影响力直接拓展了网络媒介本身的应用功能，深入金融营商、保险医疗、在线教育、食品安全、天气预报、交通管理等领域，贯穿专业领域范围内事务发展的全过程，并应对行业传统危机和新媒体环境下出现的舆论险情，这一情况的出现则让网络信息的真实性、可靠性变得更加重要。

网络媒体在信息的流通方面具备不可替代的地位，原因在媒介化社会的社会治理离不开媒介，社会治理的完成度需要在保障信息流通的基础上进行，以此来保障网络媒介中的信息资源转化为社会资源，从而为人们在社会生活中参与社会治理提供条件。面对各种媒体平台发出的信息咨询，网络媒介已经成为政府部门的首要"发声器"，通常在官方微博或者官方网站发布带有明确立场的说明或公告，其中，在面对社会突发性事件时以司法领域的官方公告如交通部门、公安部门、各级法院的即时公告和最终处理结果的公示最为常见。另外，"数据"是历史变化的资料集合而不是单纯的数字累积，它是现代产业甚至国家发展所依仗的关键，因此，数据成为网络媒介被积极应用在社会治理过程中的一个重要因素。人们对政府部门尤其是财政部门的信息公开十分关注，面对人们想要了解和监督政府工作运行的意愿，通常政府部门就是采用数据公开的方式来回应。各级综合性数据平台的建设和使用，一方面为人们提供相关业务办理的便利条件、消除人们对涉及民生问题的疑虑；另一方面则为国家管理提供和累积可供参考的资料，以应对未来"数据先行"的管理趋势。

无论是面对自然生态环境还是面对社会治理问题，大数据和云计算功能的存在都让政府能够做到实时跟进网民需要的功效，如在气象、地质、农林、环保等方面的实时监测和预报预警，此外，还包括对温度、湿度、雨量、水位等方面的信息采集和数据存储；在社会事件处理方面则应用得更为广泛，尤其是涉及个人财产安全的警务工作。例如，2018 年，江西省的非法集资监测预警平台"赣金鹰眼"在试运行的 11 个月间共预警 189

家高风险企业，通过查证发现其中确有126家风险企业，而这些企业中确有44家非法集资风险企业，占比高达23.3%。① 预警平台所取得的显著效果自然与新媒体技术手段息息相关，对数据库和信息资源的自动抓取以及计算分析，与各级单位、相关部门的联网合作，都是平台系统工作内容的一部分，这些智能化的移动执法系统为部门高效执法、帮助民众较少损失提供了实质性的帮助。此外，各专业领域的监测平台都在逐步完善中，如地质灾害监测预警平台、非法集资监测预警平台、轨道交通远程自动监控预警平台、债券风险预警平台等，这些监测预警平台的建立都提供了更为精准细化的服务。

交通和天气是人们生活中对日常信息需求量最多的两个领域，其中，交通是人们群体集中的状况，而天气则是人们需要专业技术手段提前告知的不可控的自然条件，只能依靠提前通知进行有效预防以减少个人损失。在2018年11月通过的《关于加强县级融媒体中心建设的意见》中提道：将县属的党报、广播电视台、网站等单位统一管理，负责全县包括政务新闻、天气预报、医疗交通、社区服务在内的信息发布服务，为当地群众提供更好的政务服务，这其中，天气和交通就占据着媒介服务的主要份额。新媒体迎合了社会大众对交通信息和出行服务的日常需求，数字化、集成化的路网信息传播体系提高了交通部门的工作效率和服务水平，让与路况相关的信息从采集到发布更加高效、更加实用。当下，我国各省市级交通指挥中心在面对日常路况监测和应急处置时能够做到有效处理。全面覆盖的道路检测系统，除了向人们提供日常交通信息外，还能够在发生突发性事件时提供有效的紧急预案，交通拥堵情况下出现的救助接力事件就是通过网络实现预先调度。此外，除了各专业领域预警平台的完善，突发性事件的事后处理机制和沟通平台也逐渐建立起来，其中，应急性报警系统的

---

① “赣金鹰眼”非法集资监测预警平台建成上线［EB/OL］. 搜狐新闻，2018－11－08.

使用较为普遍，如在雨雪天气时高速公路的路段紧急封闭、台风天气时沿海地区的安全警报系统，这些都是在已经积累的数据库基础上推演出来的应急备案模式。

3. 信息反馈 收集民意

简单来说，互联网起源于美国军界及学界，成长于美国新闻界，当它以产业形态开始进入美国金融市场之时，搅动全世界进入名为网络的资本市场中来，从一种全球化的技术资本融合过渡到社会发展模式的更新，在此起彼伏的欢呼声和批判声中迎来以互联网为支撑的新媒体时代。伴随着网络技术逐渐深入和改变大众生活的现实，人们的时间和精力越来越多地被网络化、智能化环境所包围，无论是公共管理、公共服务还是社会治理都因为环境的改变而出现与以往完全不同的创新模式。同时，新媒体的自由、平等、低门槛等传播特性一定程度上满足了公共领域建构的某些条件，它使社会公众“在一定程度上不依赖于他人而独立生存，更重要的是要有一种对公共事物保持热切关注的态度，特别是要有独立思考和批判的能力”①，为公共领域的重构提供条件上的可能和技术上的支持而加速民主进程。当然，民主的实现离不开政府和社会大众的参与和努力，网络媒介的出现将政府的政务服务工作和社会大众参政议政的愿望同时放置在一起，让不同的社会治理参与主体相互联系、相互沟通成为现实，在此基础上实现收集不同社会治理主体意见并及时有效提高办事效率的目的。

新闻媒体具备“帮助社会公众了解公共事务，促使其沿着法制和社会生活公共准则的方向运作的权利”，这是新闻媒体的社会功能的应用，也是新闻媒体社会责任的体现，新闻媒体的这种社会行为被人们称为“舆论监督”。实际上，舆论监督也是社会大众表达民意的一种方式，人们把握着网络媒介中突然放开的话语权却没有因为话语权的获得而同步提升对舆

---

① 石义彬. 单向度、超真实、内爆——批判视野中的当代西方传播思想研究 [M]. 武汉：武汉大学出版社，2003：106.

论的客观认知，感性共鸣成为网络民意最常见的表现形式，裹挟着情感因素的监督判断让网络舆论对事务的界定出现失准的可能性。另外，在网络媒体构建的话语环境之下，政府和社会大众的初始目的是一致的，人们都希望通过网络媒介保障社会大众的公共利益及维护社会大众的合法权益，然而在监督政府有关部门的相关工作方面却呈现出不一致的认知。互联网的出现让“管理者与被管理者之间从简单的线性关系变成复杂的网络关系”①，政府和社会大众在网络媒介的使用目的和使用范畴上出现差异，人们片面地认为舆论监督就是“挑错”，于是坚持在“找错误”上下功夫，而脱离了进行判断的法律依据和社会标准，只因可以做而机械地重复作业却不见成效。人类的普遍需求就是实现技术进步与社会变迁之间平衡的“调节器”，物联网等智能媒体的人机互动正是对这种平衡社会化的进一步探索。

正如特纳所述：“网络使每个博主都成为一个广播员，开启了媒介的‘民众化’转向时代。”② 网络媒介的参与在一定程度上弥补这一问题带来的治理漏洞，虽然国家政策依然是自上而下式的传达模式，但是，人们在这一过程中可以通过网络平台进行参与或了解，在程序上提前增加社会大众对即将展开的社会活动的认知度和体验感，让政策实施与社会大众之间的接触和衔接更加自然。公民自我表达的集合体现，使用媒介社交平台自然地融入带有社会意味的公众话题中，在向政府部门传递公众意识的同时，也成为普通社会大众参与社会治理的新途径。社会大众的参与让政府收集大众反馈成为可能，传统媒体时代的大众媒介无法做到及时接收社会大众对政府工作和政策实施的意见和感受，彼此之间的“信息断层”让政府在面对社会问题时总是陷入“被消极”的旋涡之中，网络媒介的出现则

① 张康之．论主体多元化条件下的社会治理［N］．中国人民大学学报，2014（2）．
② ［澳］格雷姆·特纳．普通人与媒介——民众化转向［M］．北京：北京大学出版社，2011：27.

突破了政府“被如何”的论述，开始掌握共同交流的主动权。尤其是在媒介化社会时期，社会治理与媒介有着密不可分的关系，无论是社会大众、行政工作者还是各类新闻媒体，作为社会治理主体，他们都通过舆论的形式紧密联系在一起，关注社会、接触社会、发展社会，甚至反思社会。

习近平在谈到加强对公权力的监督时强调，国家之权乃是“神器”，是个神圣的东西。公权力姓公，也必须为公。只要公权力存在，就必须有制约和监督①。信息时代，互联网成为社会治理中监督公权力的重要角色，网络媒介作为公共平台，其具有准入门槛低、操作技术简单、使用成本低廉的特征，这些特征让人们接触、使用互联网成为可能，为实现舆论监督提供社会大众广泛参与的人口数量条件。在大众媒体时代，人们只能通过传统媒体的“公之于众”来了解公权力的运行情况，但是单向传播不能保证社会大众及时有效地行使监督权，因而在网络媒体出现后，才会在短时间内发生一系列曝光腐败的信息。现阶段，社会个体通过个人自媒体平台进行细节曝光和通过中央纪委国家监委网站（见图5－4）进行举报是人们对腐败行为进行舆论监督的主要方式，其中，个人曝光环节曾引发不少舆论热点事件，一度成为自媒体平台的讨论焦点而热度不减。人们通过发文、截图、上传音频视频文件等技术手段，将反映腐败行为的相关证据在网络平台上公开，这些信息通过网络媒介出现裂变式传播进而形成舆论，引起相关管理部门的关注从而进一步挖掘曝光对象背后的问题，让人们关心的事件得到真正的解决。

伴随着我国数字政府建设步伐的加快和互联网的迅速普及，公民网络问政呈现出蓬勃发展的势头，成为检验数字政府治理回应性的场域。从实践平台来看，当前我国公民网络问政主要分布于两种类型的网络平台之中：一是以民间社交媒体为主的社会化媒体平台，在这类平台中公民网络

① 《习近平：在新的起点上深化国家监察体制改革》（http：//jhsjk. people. cn/article/30908062）。

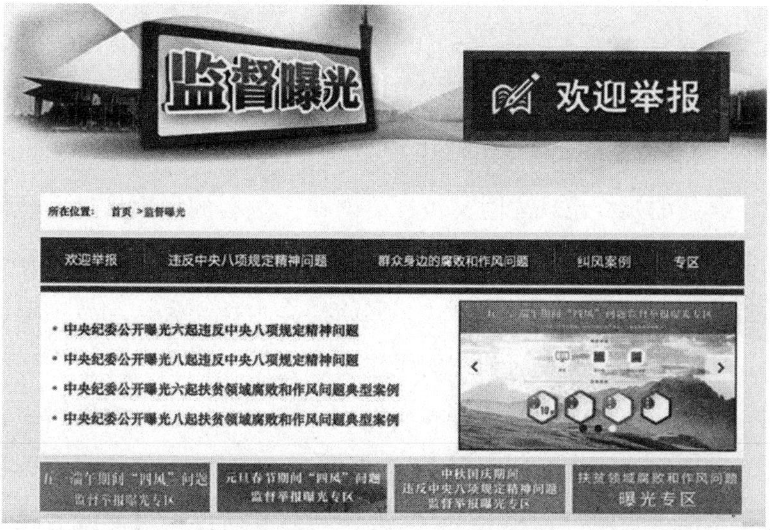

图 5－4 监督曝光——中央纪委国家监委网站页面

问政常常会以比较激烈的网络舆论事件为表现形式，具有事件驱动、偶发突变、非制度化及群体性的舆论外压色彩；二是各地党政机关或官方媒体建立的专题型网络问政，这一类型已经成为我国常态化运行的网络问政模式，属于适用范围广泛、规模较大的网络问政形式，真实反映“沉默的大多数”的现实需求，突出各级政府及时的、定期的日常回应行为特征，并将大量的在线文本作为研究素材。在这时，多方主体的个体利益诉求、群体利益诉求才可能趋于一致，提炼出具有普适性意义的共同诉求，此时的合作才能够处于成熟的、稳定的关系状态。而以合作为核心的社会治理手段，在不断被新技术从建构到解构到再建构的循环过程中，经受着社会生态环境不断变化的影响，参与主体和组织关系的动态发展呈现出常态化现象。

第六章 平台和参与

每一次新的媒介出现之时都被视为对民主进程的一次推进，然而在政治、经济条件及社会、生态环境的综合作用下，日益呈现出不可弥补的弊端，最终为下一个新的媒介所取代。网络媒介为社会大众和政治家展现出比以往任何时代都要宏观而细致的民主版图，多元化参与主体在网络空间中聚集，或积极主动或倒逼社会现实做出回应。人们通过在网络平台中寻找方法来创造实现或改变社会现实问题的路径，互联网俨然成为因社会公众议题汇聚而产生的“媒体社会”。公民网络政治参与由此成为社会大众参与社会治理的主要方式，从法律层面讲，它的出现是社会大众媒介接近权付诸实践的表现，从社会层面讲，是社会大众民意表达和各个参与主体之间良性互动的体现。

一、线上议程平台

早在2000多年前，《吕氏春秋》就提出“治人先于治物，治物本于治人”的原则，强调整个国家的社会治理体制中每一个参与主体的重要性。网络平台中的社会个体和社会组织聚集在一起，在网络公共领域中相互交流形成，共同的、大众的、民意的意见集合，原本单一的话题在这里通过讨论、分享的步骤最终升华为社会议题，向现实社会投射并施压，发挥“媒体市民社会”的威力。

1. 个体：私意呈现

社会个体是一个国家的基本组成单位，每一个社会个体在社会生活中通过自身的劳动实现社会价值和社会地位的做法是社会个体在社会环境中的基本活动，而社会就是在无数个体的差异化活动中协调合作而出现的产物，社会是不断运动变化的劳动关系的集合。马克思在《资本论》中提道，“社会是不断变化的运动有机体”，人以个体或群体的形式存在于社会关系中，这对理解社会个体在社会生活中所发挥的作用来说是一个复杂的问题，但也是解释一切与社会个体相关问题的根源。个体作为社会生活中的一部分，其存在本身就会与一切社会整体活动相联系，从社会生产到社会活动，从社会改革到社会治理，都需要社会个体的参与和意见表达。由于个体与社会是部分与整体的关系，个人与社会总是呈现出息息相关的状态，二者互相影响、互相制约，因此，现代国家的社会治理需要了解包含着社会个体自我需要的“私意”与社会大众利益的“公意”。同时，公民资格①也是社会大众个体民主参与权利的保障，毕竟“高质量的、代表社会前进的舆论意见，其形成必须经过充分的社会讨论过程，也就是公众能有自由表达意见的权利和充分发表见解的机会”②，而“促使真正意义上的代表草根阶级利益的公共舆论的形成发展”③ 成为现阶段最终的表达方式。

社会个体的个体利益和社会大众的社会公共性之间存在着相互联系，网络平台的出现在提升社会个体的政治参与度的同时，也将社会公共性放置在网络环境中充分发挥它的作用力，就像吉米·边沁基于“由最广泛的公共性来矫正的个人利益”观念④设计出宪政制度一样，网络环境中公共性在社会个体参与下也呈现出新的表现形式。每一个个体在网络世界中都

① T. H. 马歇尔在《阶级、公民与社会发展》一书中首次提出公民资格的概念，他认为，公民资格就是公民权利或法律权利、政治权利和社会权利的集合。构成公民资格的这三种权利既是公民作为平等主体参与社会活动享有的必不可少的权利，也是架构起现代公共治理权利框架的基础。

② 李良荣. 新闻学导论［M］. 北京：高等教育出版社，1999：55.

③ 宋辰婷. 新媒体——公共领域建构的新契机［N］. 华中师范大学学报（人文社会科学版），2013－6.

④ 斯蒂格利茨. 自由、知情权和公共话语——透明化在公共生活中的作用［J］. 宋华琳，译. 环球法律评论，2002（3）：263－273.

成了“绝对自由”的、具备隐身特质的相同存在。作为无差别的网络个体，网民对情绪的管理和控制也相应地表现出薄弱化特征，甚至倾向于在网络世界中宣泄情绪，过度的情绪放纵带来了认知能力降低的现实结果，这也就导致了人们在现实世界中对风险信息的漠视结果。人们在进入网络空间之前是现实社会中游走在“熟人社会”范围内的社会个体，在进入网络空间之后，自媒体平台和社交媒体平台的出现打破原有的活动范围，将所有的个体按照同样的标准放置其中，间接接触的即时联系方式为个体价值的凸显提供了可供利用的“台前幕后”，人们在网络平台中在隐藏着自身真实的社会特征的同时以经过包装的新面貌在平台中与其他人互动交流。

新媒体的影响力建立在技术条件之上，而其产生的传播效果则远远地超过技术范畴，原因在于使用者在进入新媒体的同时，也将自身的信息、知识、经验等储备投入其中，建立起来的是一个带有观念、情感、态度的网络关系图。“需要”是新媒体能够不停地消解世界再重塑世界的依据，实际上，新媒体并不是具备预知能力的“媒介先知”，而是拥有观察力的制造者，深谙“人的需要即是人的本性”① 的本质，进而引导了人们交流手段及使用方向的改变，这种对信息发展前提的认识让人们意识到媒介形态不断更新升级的背后是人类自身需要不断被发现、被挖掘的结果。新媒体具备传统媒体泛化而常态的基础属性，同时拥有超越传统媒体既新且优的特质；这些特征使新媒体能够以社会化形态参与到社会大众生活中的方方面面，其建构的“人—人”关系逐渐掩盖原始电子通信的“人—机”关系成为社会关系诞生的基础框架。社会个体之间的互动成为社会关系建立

① 原文为：“在任何情况下，个人总是‘从自己出发的’，但由于从他们彼此不需要发生任何联系这个意义上来说他们不是唯一的，由于他们的需要即他们的本性，以及他们求得满足的方式，把他们联系起来（两性关系、交换、分工），所以他们必须要发生相互关系。”原文部分援引自《马克思恩格斯全集》（第三卷）人民出版社1960 年版第 514 页。

的直接影响因素，网络媒介再一次突破传统熟人社会的伦理关系束缚，将“人”作为独立单位放置在信息传播活动中并贯穿始终，让人们通过自身的认知行为来界定新媒体的社会属性和社会功能。

舆论的产生与网络公众平台的形成有着密切的联系，并且得益于互联网的广泛分布，网络的普及让人们在较短的时间内迅速地适应网络生活，并且对网络的依赖日益加深，从日常信息交流到网上购物、在线教育、在线缴费等项目的实现，网络的使用深深地融入每个人的个人生活中。由此可见，网络平台提供给人们的不只是参加社会治理的高级模式，同样还有与人们日常活动相关的普通模式。这种日常式的网络活动成为人们使用网络媒介的参与方式，不必刻意地区分时间地点就可以通过网络平台实现社会个体在生活中的消费、学习等目的。人们对网络媒体提出更高要求之时，技术驱动的媒介融合成为数字时代的发展流向。尤其是在公共服务领域中，社会资源的供给和分享都能够通过网络平台实现流通目的，人们能够通过留言的方式传递自身的态度和想法，与信息发布者进行互动，完善政府职能定位和政务服务内容。通过网民们的信息来捕捉社会大众的真实想法，从而实现公共资源的优化配置，避免资源的闲置和浪费。线上信息的发布让人们能够不再因为地域的限制而出现“信息孤岛”现象，消除信息供应者和信息接收者之间的阻碍因素，有效地满足人们的自身需要。

纵观各类媒介载体的形态流变发现，媒介出现的最初目的是满足人类生存的信息需求，这种信息需求催生出名为“媒介”的信息服务从而进入信息化服务为主的“信息时代”。信息通过媒介实现政府和社会大众之间的双向流动，推动政治民主化的发展进程。①“信息传播超越了单一的自上而下的组织传播或专门机构的纵向传播后，横向的或民间的大众传播扩展

① 现代美国政治家 R. 达尔认为民主是社会利益集团的相互作用，公共政策的执行过程就是政治民主化的过程；而新媒体在政治民主化的过程中充当了重要的连接介质：一方面，媒体将政府信息直接有效地传递给社会大众，满足人们的信息需求和知情权；另一方面，又能反映社会大众的利益诉求，帮助人们实现表达权。

了更大的空间，民间的信息权利得到极大的强化和扩大。”① 虚拟社区中的网民通常会在这个“圈子”式的公共领域范围内进行活动，除了彼此交换信息、分享信息之外，更多的是进行意见和情感的交流。这种看似开放式的陌生人社群成了意见、观点集中的聚集地，同时也成了情绪宣泄和爆发的特定场所。大众媒体作为专业的新闻传播机构，一直以来都肩负着监督政府的责任，人们虽然一直存在于社会治理体系中但是可以发挥的作用不足，而以个体身份在网络平台直接实现政治参与活动，弱化大众媒体的中间传递环节；专业媒体和社会大众在网络中以平等的姿态共同参与监督政府权力。

2. 组织：关系众意

21 世纪的民主化改革催生出参与式治理模式，公众被赋予参与社会治理的主体资格，通过合法的途径直接参与公共事务的治理过程，从而维护社会大众的公共利益。一个社会必须把分散的个体意向整合为具有代表性的集体意向，并且通过合理的方式来反映出这种集体意向性。网络平台的出现为增加新式社会互动手段提供了前提，陌生人聚集为虚拟网络社群成为可能，网络社群作为一种线上集结而成的网络组织却具备社会组织的基本要素。网络集结而成的社区没有脱离熟人社会的影响，小世界理论让人们以为自己接触到了更为广阔的人际关系，实则只是网络版的“家庭社会”。这种关系也限制人们关于风险信息的选择性接收和认知，通过家人、朋友等熟人接收到的信息通常以他人认为重要为前提，而不一定具有社会普遍性意义。互联网用户不具有专业新闻职业者的媒介素养，所传播的信息在很大程度上真假难辨，这种信息通过关系传播，让人们对信息中的风险失去应有的敏感度。另外，网络媒体中形成的社群在具备社会群体一般属性的基础上又新生出网络群体特有的新属性，除了社群成员之间的黏性

---

① 刘少杰．新形势下意识形态传播方式的变迁［J］．吉林大学社会科学学报，2011（5）．

维持群体稳定之外，成员对社群的绝对服从和绝对信任成为网络社群影响力增强的决定性因素。

互联网在用户使用方面的异军突起并不是偶然的，这主要归因于网络技术的共享性特征，除了计算机的包切换技术之外，开放式信息传递渠道成为人们选择互联网的关键，媒介技术让用户在信息空间中成为选择主体，这种主动性的给予让人们趋利避害的生活本能被放大，并且倾向于寻求群体的保护。同时，任何进入网络世界的个体不再是被动接收信息的"枪靶子"，而是进入信息传播的整个生产过程中，成为多种角色的集合体和扮演者，这种变化让网络空间的信息流动方向呈现出不定向的多样化特征，也让群体成员之间的信息沟通变得更加便利，从而赋能社群发展成一个自产自销式的独立集团。由于人们在虚拟情境中没有现实条件的束缚，传统的判断标准在网络世界中不复存在，一个人的经济条件、社会地位、文化水平等在现实社会中重要的身份标签被隐去，人们在网络环境中的主动性被放大，社会大众开始倾向于将现实中没有办到的事情和没有实现的愿望纷纷转移到网络世界，从而对网络媒体提出更多的要求与期待，并将这种认知带入网络社群中进行群体内部的再扩散与再传播。

新媒体意味着技术的进步、传播语境的改变、传统话语权的解构和内容生产方式的转变①，这些变化都在推动着社会大众自身的知识体系和认知方式的转变，催促社会群体认知方式的进一步升级。然而网络环境和现实环境的约束力不同，社会个体的行动空间更为广泛，而生活在网络群体中的社会个体则在倚仗群体的力量拓展网络关系的同时，也提升了群体的功能效力。一直以来，传统的社会治理只需要思考对现实社会的治理方式，而网络世界的存在打破这一传统认知，网络空间成为人们进行社会活动的又一空间，即使表现的是虚拟的存在状态，却营造出真实的社会影响力。但是，社会大众花费着过多的时间和精力来分辨和处理来源不清、真

---

① 喻国明．解读新媒体的几个关键词［J］．广告大观（媒介版），2006（5）．

假难辨的海量信息，一方面满足于网络带来的新鲜感，另一方面又期待未知的网络世界可能带给自己的新奇体验，从而深陷在浅层化阅读的社会环境中难以自拔，被名为“网络”的科技新装所捆绑，让网络社群的众意难以脱离个体认知的狭隘性而上升为公共意味的民意。

互联网的出现为人们广泛接触信息提供了平台，这里不仅是海量新闻报道的汇聚地，而且虚拟世界中的社区的出现，让人们在接触主流媒体信息的同时，通过自身建立的人际关系网来获取更多的信息。清华大学的彭兰教授认为，互联网以不同的连接方式促进人与人的连接，但是也存在过度连接的反面效应，因为不断增长的连接在延伸人的社会关系的同时，也将更多关系负担与社会压力传递给人，当连接达到一定限度后，它对用户的意义可能就会减弱，甚至走向反面。① 网络社群中的个体之间并不是任何两个个体的接近都能形成社会互动，而是通过观点、观念层面的互动和交流展开。伴随着公众、媒介和技术等要素的融入，有关风险问题的认识逐渐呈现出多元化的立体式特点，从风险感知到风险评估再到风险决策过程中的阶段性问题都得到关注，风险沟通开始出现在人们的视野当中。而互联网作为集中公众、媒介和技术的连接载体，它的出现改变了人们的认知方式和行为习惯，塑造出“万物皆媒”的数字社会和生活场景，这一特征不断吸引着风险问题研究者的注意力，使得探究互联网和风险问题之间关系的研究逐渐兴盛起来。

“公共话语应该用民主的、对话的、妥协的这种途径来展开”“公共话语不存在最后的拥有真理者”“也不存在最后的胜利者”② 等论断告知人们涉及社会大众公共事务的相关问题时，沟通协商才能保障社会大众公共利益最大化的路径。当然，政府提供给社会个体的自由活动范围不能因为

① 彭兰．连接与反连接：互联网法则的摇摆［J］．国际新闻界，2019（2）．

② ［美］理查德·罗蒂．后形而上学希望［M］．张国清，译．上海：上海译文出版社，2003：5.

个人权利的正当性而忽视对社会公众利益的合法保护，这是对媒介化社会环境中政府治理方式的运用过程中公共性的保护原则。转型是我国现阶段的社会现状，经济发展水平和社会认知水平上的不平衡出现很多结构性的问题。面对这样的社会环境，市场环境下的媒体传达通常难以实现社会责任。网络平台的公益传播也潜藏着一些模糊不清的乱象。新媒体将网络平台做成汇集社会化渠道的集合地，开展多方合作模式，依据区块链、人工智能等技术条件的支持将公益性活动做出新样式。新媒体不仅仅是一个用于人际传播、群体传播的信息技术工具，它也为社会个体或群体提供新的活动空间，营造出让功能效力得到更好的发挥的环境，依托于网络环境的形成，新媒体为社会个体或群体创造出新的生产方式和新的思维方式。

3. 话题：社会公意

马克思在《德意志意识形态》中提道："市民社会是指直接从生产和交往中发展起来的社会组织，它构成国家的基础和精神建设的前提。"① 而在信息时代，互联网的存在让人们的生产和交往转化为新的形式，信息生产和媒介交往成为人们在组建社会群体的过程中依据的主要因素，而这一现实情况的出现也让社会治理延展出新的发展方式。互联网让媒介化社会的社会治理区别于大众传播时代的社会治理，网络媒介的出现为社会大众建造出一个网络空间中的"媒体社会"，人们在网络平台或虚拟社区中相互集结，网络媒介成为带有个性化使用特征讨论公共事务的"观点自由市场"。社会事件成为网络论坛中的话题，人们围绕话题聚集在一起，通过讨论建立或分裂成各持己见的关系群体，网络社会关系的形成不是以现实中既有的社会关系为依据，而是完全依据网络论坛中的观点、意见决定关

① 马克思恩格斯选集（第一卷）[M]. 北京：人民出版社，2002：41.

系的定位。新媒体作为社会性工具，可以同时依赖和扩展“小世界”① 的特征，为“小世界”的社会关系网络模式提供支持。

“公众参与”（Public/Citizen Participation）这一概念源起于西方，国内外学者基于不同的学科偏向、研究角度对其含义进行了诸多诠释。引入公众参与的概念是为能够在最大程度上保证各种需求获得表达的机会，各方利益得以兼顾，促进政府部门在决策的过程中更加民主化，推动不断涌现的复杂社会问题得到解决，公共资源得以被合理分配。“从自然法则的理论来看，政府行为的合法性在于这些行为能与‘公众哲学’保持一致。根据民主理论，政府行为的合法性来源于它们对人民意志的体现。”② 吸纳公众参与政策议程设置成为当下不容忽视的重要问题。网络媒介的出现让信息在人们的使用过程中形象也变得饱满起来，成为媒介平台中人们进行对话与互动的介质，相比于信息本身传递的意义，信息还成为社会大众互动交流的意见产物。在网络媒介参与社会治理后，网络政治参与成为人们参与国家政策议程的主要途径，信息成为人们关注国家治理活动的载体，对流通信息的注意力让人们在媒介环境中的参与路径变得直接且透明。

长久以来，政策议程设置活动往往被一小部分政治精英所掌控，普通民众缺乏参与的渠道和途径，经常处于被动接受的状态难以参与其中，根本无法谈及在相关的议程设置过程中提出自身的观点与看法。网络媒介的出现打破了这一管理阶层的固化状态，网络空间中的诸多平台都成为公众表达意见、传播信息的渠道，这使得公众不再是单一的接受者，而是政策议程设置的参与主体。可以说，随着自媒体的发展，普通民众都能够较为

① 邓肯·瓦茨（Duncan Watts）和史蒂夫·斯特罗加茨（Steven Strogatz）于1998年发布“小世界网络”（Small World network）模式的研究成果，见于（Albert - László Barabási and Eric Bonabeau，Scale - Free Networks. Scientific American，2003：50 - 59）。其研究的最初目的在于试图描述从规则网络到随机网络的转变，研究成果表明一个较大的网络是由内部联结更为紧密的一组次级网络彼此松散联结而成的，而“小世界网络”模式正是后期用于阐述网络人际关系的六度分割理论的基础。

② ［美］塞缪尔·亨廷顿. 变化社会中的政治秩序［M］. 北京：三联书店，1989：25.

便利地拥有传播信息的载体，人人都能够发出自己的声音，以往处于弱势地位被排除在议程设置之外的普通民众获得了自我赋权，通过指尖上掌握的权利，他们可以根据自己的利益需要提出问题，自我的诉求能够得到实时呈现。他们不再只能是被动地接受政策，单向地被政策影响，从而在很大程度上避免了某些利益诉求因为无法表达、传递而被过滤在政策议程设置考量之外，进而对决策者的政策议程设置行为产生能动的影响。

自媒体的重要特性之一是用户之间关系的建构和圈群化传播。借助于各种技术条件、软件应用，自媒体用户得以凭借较低的成本紧密地联系起来，这就为大范围内公众联动、共同参与提供了可能。可以说，当下自媒体已成为公众聚合、社会力量凝结的重要平台，这也使得它们得以充当组织、动员公众参与政策议程设置的有效工具。社会公众可以通过自媒体方便、迅速地聚集，彼此之间产生多层级关系，广泛地进行联络，形成强大的合力。这种集众人之力形成的持续影响能够引起线上线下的共同关注，进而在社会稳定、自身形象、工作业绩等方面对政策制定者造成压力，促使他们对公众参与进行回应，影响他们对政策议程设置的考量。网民迎接着突如其来的“身份自由”和“信息享受”，环境的多重转变冲击着人们的心理认知和判断标准，这些变化逐渐渗透到社会化生产生活当中。如今，服务成为技术应用先进性的代名词，个体意识的突出让适用于社会个体的媒介设备增多，而个性化的服务设置必然带来媒介功能的整体提升，媒介以小群体功能为突破口成就了对社会大众的一般性社会功能的实现。

以往，政策议程设置活动中公众参与缺席的一个重要原因在于信息资源分配的不平衡，信息的流动处于一种被控制的状态，政治精英在很大程度上掌控了有关政策议程设置信息的生产与传播，而普通公众往往只能接触、了解到有限的相关信息。自媒体的开放性则使得在自媒体空间内信息传递不仅迅速及时而且被广大用户所共享。因此，伴随着自媒体的兴起，信息资源的分配状况得以重构，这意味着传统政策信息环境的封闭格局被打破，公众在政策议程设置过程中对政治精英的信息依赖被改变。原本由少数决策者、利益集团、专家所垄断的信息、知识不再稀缺，自媒体平台上多元化的信息提供者，数量庞大、形态各异的信息，以及信息的快速传播途径，都使得普通民众之前长期面临的信息匮乏的状态被颠覆。开放共享的信息环境推动了政策信息资源的普及传播，使得普通民众能够有机会接触到更为详尽的信息资料、更为专业的知识技能、更为成熟的政治理念，这些都为他们带来更多的学习机会，进而提高了他们参与政策议程设置的能力。

二、公民网络政治参与

对社会公众权力和媒体义务之间关系的思考让人们最终以法律的形式确定了这一关系，其结果便是媒介接近权的产生，而公民网络政治参与形式则是公众媒介接近权实现的一种表现。人们在通过网络平台实现政治参与的过程中，主要表现出计划、沟通、监督、评估等行为，在沟通互动中实现民意的流动。

1. 接近权的实现

20 世纪 60 年代，美国学者 J. A. 巴隆先生在《哈佛大学法学评论》上发表的《接近媒介——一项新的第一修正案权利》一文中首先提出“媒介接近权”的概念，且明确地指出必须由宪法确认公众对媒介的接近权。随后，经过较长时间关于社会大众在信息传播权利方面的发展与讨论，美国在 20 世纪 90 年代出现以社会大众为报道主体的公共新闻，让“以受众为中心”的说法开始在新闻传播领域流行，社会大众的媒介权利得到了真正意义上的关注和重视。“媒介接近权”这个新的权利概念不仅为社会大众接近和使用媒介提供权利依据，也以此来提醒新闻媒体作为社会公器应当具备的公共性和公益性，该权利的提出者认为新闻媒体应当向作为权利主体的社会大众开放，允许人们合法合理、自主地参与信息传播活动。如今，在网络媒介深入社会时期，无论是在强调新闻媒体需要担负起的义务和责任还是在保障社会大众自主传播权利方面，这一概念都可以被看作赋予了新内涵的表现。

一般情况下，人们习惯于将网络媒介的出现作为媒介接近权实现的节点，但是事实上，关于社会大众传播权利的法律依据早已有之，因为在信息传播领域，社会大众是信息的使用者和消费者，而在社会环境中，社会大众也是参与社会治理和社会公共事务的公众，因此，他们拥有在民主社会环境中法律所赋予的各种各样的基本权利。我国宪法第二章第三十五条规定中华人民共和国公民有言论、出版、集会、结社、游行、示威的自由，这无疑从根本上保障我国公民在社会生活中所具有的传播权。世界主要国家包括我国都把确保言论出版自由作为宪法的一项基本原则。学界认为我国公民从事新闻活动的自由是有宪法根据的①。另外，郭庆光在早期的《传播学教程》一书中提出关于“媒介接近权”的定义，他认为，“媒介接近权”（The Right of Access to Mass Media）指的是“一般社会成员利用传播媒介阐述主张、发表言论及开展各种社会和文化活动的权利，同时，这项权利也赋予了传媒应该向受众开放的义务和责任”②。人们总是认为在大众传播时代，媒介介质的设备特征和人们对传播本质认识的不足，导致社会大众的传播权并没有得到充分的发挥，而网络媒介的出现则弥补了传统媒介的单向传播缺陷，实现了人与人之间的双向互动，并提供给人们进行自我表达的平台，从而普遍地实现社会大众的媒介接近权。

在明确提出“媒介接近权”的概念之前，人们通常会使用知情权、参与权、表达权和监督权来说明和阐述与新闻传播相关的活动，在信息时代，这四种权利的存在也是社会主体积极参与社会治理过程的重要法律依据。此外，这四种权利不仅与“媒介接近权”存在紧密的联系，而且在

① 魏永征．中国新闻传播法纲要［M］．上海：上海社会科学院出版社，1999：69.
② 郭庆光．传播学教程［M］．北京：中国人民大学出版社，1999：179.

“四权”之间也存在着相互联系。而在以网络媒介为代表的新媒体出现之后，社会大众作为参与主体通过网络媒介参与公共事务的社会治理当中，尤其是针对网络舆论的形成，人们关于知情权、参与权、表达权和监督权的内涵和外延又有了全新的认识和思考。从法学角度看，传媒接近权又被称作表达渠道权，指的是“公民或社会组织享有的，由法律规定、认可和保障的，为公开发表、传递自己的意见、主张、观点、情感、经历等内容而使用各种媒介手段与方式，不受任何他人或组织非法干涉、限制或侵犯的权利”①。在现代国家的社会治理过程中，媒介形态的丰富让面对面的人际传播方式锐减，而大众媒介成为主要传播方式，这种变化直接导致直接民主的减少和间接民主的增多，大众媒介成为最为重要的中介机构②。

在大众传播时代，大众媒介首先担当了社会大众了解社会治理相关政策信息的介质，但是在这种与社会治理的直接接触和间接参与的方式中，人们依然受限于大众媒介的单向传播路径，而在网络信息时代，这种情况出现改变，人们通过网络媒介平台以社会个体身份直接地参与社会治理过程中来。数字技术的应用使新媒体大量涌现，网络舆论在发生—发展—反映的全过程中的表现方式都发生改变，人们在网络空间中进行信息发布和意见表达的准入门槛变低、传播效率变高。网络舆论在网络媒介中产生并扩大传播范围，通过参与个体的传播行为实现信息的扩散，流入网络媒介的是发生在社会现实环境中的真实事件，而在网络空间中引爆舆论的却是流动在网络空间中以交流和互动方式而形成的大众观点。在这个大众观点的形成过程中，社会个体的意见和看法成为决定信息传播力度的钥匙，人们在网络平台中的自由讨论打破以往传统媒介的绝对话语权，社会个体话语价值体现出来，媒介接近权在社会大众表达意见的方式中得到实现。

专业的新闻传播机构与广大的听众、观众之间建立起来的是单向联

① 李树忠．表达渠道权与民主政治［J］．中国法学，2003（5）：7.
② 李良荣．新闻学导论［M］．北京：高等教育出版社，1999：222－223.

系，而在网络媒介中，网络身份和网络角色的同质化让社会个体之间的关系建立变得相对简单，互动和对话甚至成为网络空间中的基本活动。社会大众在网络媒介上的这种互动交流，也不再仅限于信息交流层面的互动，而是通过互联网为人们提供参与国家公共事务的议程设置活动。人们在各种虚拟社区中集结在一起，针对公共事务、社会问题等进行交流讨论，不仅限于对已知信息的交换，还包括在对公共治理问题上的知识补充和意志传递，自由对话和平等协商出现新的实现路径。社会大众的个体或群体意见表达在新媒体传播过程中得以实现，观点自由市场在网络空间中再次形成，最终通过网络舆论的形式出现，成为社会大众参与公共事务的主要方式。然而，社会大众在网络媒介中实现媒介接近权的路径并不是完美的，在现阶段，人们借助网络舆论实现参与公共事务管理的方式依然强劲，出现不少通过网络舆论倒逼社会现实而让社会问题得到解决的案例。

2. 四种参与方式

网络技术的加持为社会大众带来更为宽广的参与选择路径，政治领域和信息领域在技术使用上的结合让网络政治参与成为绝大多数社会大众倾向性选择，信息化、网络化的政治参与方式成为现代社会治理中的必要组成部分。自网络政治参与的理念出现以来，人们尝试过多种参与方式，无论以何种形式实现网络政治参与，都会涉及四方面的主要内容，即公共政策的制定、参与主体之间的沟通和交流、对政府政务服务工作的监督，以及社会大众对治理行为的反馈和评估。

首先，社会大众通过网络平台参与制定公共政策，有效克服公共政策中可能出现的盲目性和随意性。公共政策是人们在日常生活中所有涉及公共利益行为和活动开展的依据，无论是政府、企业还是个人，在社会环境中所说的话、所做的事情与公共利益相联系时就要遵守相关法律法规的规定，在法律和社会准则允许的范围内行使公民权利并履行公民义务。在现代社会生活的强压下，网络媒介的出现给予人们参与公共政策制定的可能，将公共政策从纸上议程移植到互联网平台形成网上议程，让人们从政策的雏形阶段便参与其中，真正做到“以人为本”的政务服务目标。在信息时代，有限的时间和精力反而成为不可复制的稀缺资源，人们为节省有限的自身资源则更倾向于选择代价较小的方式满足自身的需要，让社会大众通过网络平台参与公共政策制定正是出于对社会大众需求的考量，将社会大众参政议政落实在网络公共治理的起始点上。人们能够参与公共政策的制定不仅是因为网络媒介提供的技术平台，公共治理意识的提升也是人们积极参与的主要原因。对公共利益在社会治理过程中发挥基础性作用的考虑，让社会大众在与公共政策的接触中提升对制定目的和执行方式的理解力。

其次，参与主体既是网络政治参与的主体，也是社会治理过程中的参与主体，信息的生产、传播、加工、利用等流通环节中的任何一个环节受阻都可能导致公共政策执行出现信息不对称或者执行行为偏差的现象，增加政策执行的阻力和难度。由于整个网络中的信息资源是一个整体系统，每一个置身其中的个体或群体都享受着相同的接触权和使用权，信息资源的共享行为的实现带有鲜明的社会化意味，让网络突破大众媒体始终未开放的专业领域，网络衍生为与现实社会既平行又相交的虚拟社会。在此基础上，人们在网络平台中无论是进行信息活动还是讨论公共事务都要遵守网络媒介信息传播的客观规律及与公共利益的相关法律法规，确保公共政策的执行在网络环境中的流畅度。另外，网络媒介中的社会大众几乎参与到公共政策从制定到实行再到反馈的全过程，同时成为公共政策的制定者和实施对象，这种全程参与的方式让人们成为影响公共政策实施效率的主要因素，也成为判断公共政策有效性的评价主体，使得人们的主观思维对政策执行的影响力度被扩大。不同社会主体在网络平台中发挥的作用各不相同，但是各种社会主体之间的协商合作是实现社会治理目标的推力，通过网络系统关注社会治理中不同环节的发展情况，确保信息自始至终无差异传播是关键。

再次，对政府政务服务工作的监督是社会大众、新闻媒体在网络政治参与中的重要内容，自19世纪新闻媒体被誉为“第四权力”及记者被称为“无冕之王”时起，对政治权力的监督就已经成为每一个参与者的主要任务，新媒体出现后，社会大众与专业新闻机构一同成为政权的监督者。自报刊时起，人们便将记者及新闻媒体公认为“第四权力”，以此来推崇大众媒介对社会公意的实现。伴随着媒介形态的丰富，大众媒介开始成为人们心中依托的“社会公器”，媒体社会功能的丰富让其在社会中“充当负责任的批评家、牛虻和激励源”①。网络媒介在监督政府工作的过程中通常是以网络舆论的形式发挥作用，将社会大众的注意力集中在与公共事件相关的政府责任问题上，通过社会大众的意见汇集来倒逼有关职能部门解决问题。监督政府工作不仅是社会大众对媒介的一种民主的期待，也是媒介本身固有的社会功能。无论媒介形态如何变化，媒体所固有的社会功能都不会出现退化的迹象，相反，媒介会因为技术功能的支持而出现更加迎合人类社会发展需要的新功能，任何一种媒介都有责任也有能力维护公民的社会权益，进而推进社会的健康发展。

最后，社会大众对治理行为的反馈和评估不局限于以往人们对政府权力行使的评估和反馈，在新媒体出现后，由于社会治理参与主体的丰富，各个参与主体之间必然存在不同的认知和想法，因此，彼此之间也存在着相互评估的必要性。在网络媒介平台中，人们之间的关系是建立在“陌生化认知”的基础上，彼此之间对对方客观存在的现实条件处于未知状态，真正在网络关系建立中起到关键作用的是人们对某一对象或某一问题的相同或相似的意见和认知。而这种认知的存在成为网络空间中群体性主体形成的前提条件，在网络平台中社会治理的参与主体在政府、社会大众的划

① ［美］新闻自由委员会．一个自由而负责的新闻界［M］．展江，王征，王涛，译．北京：中国人民大学出版社，2004：128.

分基础上出现更多现实背景中未曾出现过的新主体，带有个性化特征的群体组织成为网络平台中的主要参与者，社会个体变成网络群体中的一员为群体力量添加助力，这些变化的产生让社会大众对治理行为的反馈和评估的重要性被凸显出来。大众传播时期，新闻媒体也同样被寄予集合公民意见的期待，但是，传统媒体的单向性传播让收集社会大众的意见反馈工作不容易执行；而网络媒介的互动性特征则让政府与社会大众之间的即时交流和意见收集成为可能，这一条件的实现让社会大众对政府工作的意见反馈和评估开始起到真正的帮助作用。

3. “声音”与“沟通”

英国社会学家安东尼·吉登斯（Giddens）认为，“尽管人类已经按照自己的方式建立起一个崭新的社会，但并不意味着从此就真正生活在一个绝对安全的环境中”①，金融风暴、核武器危机等社会性风险正在逼近人们的日常生活并且表现出常态化的特征。“海量”是人们用来描述数字技术带来的信息数量庞大的形容词，储存大容量信息的各种“智库”应运而生，在媒介化时代，这一现象表现出媒介信息的两种特质——整体信息的泛化和单位信息的模糊。数字化世界作为一片标志着人类开放、进步的新空间，现实中的社会风险和社会矛盾在网络上都有所体现，人们在网络环境中面对这些问题时产生的观念、意识、行为不仅对网民产生影响，也会对现实生活中的决策产生影响，现实世界和网络世界之间的联系日益紧密，而边界却逐渐模糊。网络媒介为人们提供了脱离现实条件限制的活动平台，在不区分社会现实身份的前提下，任何一个个体单位在网络空间中同时兼具着“发声者”和“倾听者”的双重定位，“声音”成为网络平台中的意见的物化形态，而人与人、人与群体、群体与群体之间在网络平台中的意见交流成为社会成员相互沟通的主要形式。

---

① 车凤．中国新闻媒体社会治理功能研究［M］．北京：中国传媒大学出版社，2014：96.

1960年，美国学者阿诺德·考夫曼首次提出“参与式民主”的概念，主张通过公民对公共事务的共同讨论、共同协商、共同行动解决共同体的公共问题。阿诺德的想法在网络媒介出现之后得到更为广泛的实践。一方面，人们通过网络平台掌握媒介话语权，个体意识的自我表达成为现实；另一方面，网络平台为人们搭建出无数个相互交集又各自独立的社交圈，互动的便利让人们之间的交流不再困难，因此，网络媒介同时实现社会大众对作为社会个体和社会群体成员的多角色需求。媒介化时代，人们网络政治参与的意识被激发出来，让各个利益主体在自身诉求能力和诉求机会不均衡的情况下实现利益主张，减少因为诉求渠道不畅而带来的各种社会治理问题。技术作为创造现代生活的主要动力同样存在有限性和风险性，乌尔里希·贝克认为技术与社会因素之间的相互作用会让技术本身的缺陷带来社会性风险。网络媒介让社会个体在进入网络群体之后，在“群体效应”的影响下出现淡化责任意识和价值认知的现象，从而出现负面情绪叠加、社会矛盾升级、局部冲突放大等问题。

自20世纪60年代开始，具备自动调节功能的人类机器系统等技术实验陆续出现，代表着建立机器和人类之间联系的想法开始步入实践阶段，而象征“人机合一”的智能化设备的出现将新媒体的社会化进程变得更加容易和迅速。起初，“赛博”只是人们在信息领域中对网络空间和传播主动权的一种描述，如今却已经从人们接触到的新鲜事物进化为人类身体的延伸器官。互联网则在技术的基础上将人们分为“在场”和“离场”的状态，通过媒介操作实现人类的多重活动的同时发生，媒介空间和现实空间在社会行为的节点上相互重叠，新媒体再不是通信工具而是信息化社会的日常必需品。人们在开始使用媒介时也曾注意到媒介环境的形成可能会对人们的认知产生局限和扭曲，于是采用“线上”和“线下”来描述人类与互联网空间的距离关系。随后，人们发现媒介环境与现实环境相互交织重合，无法分辨剥离的情况才是拟态环境发展的必然结果。也许一开始人们并没有注意到拟态环境的出现，却在无形中成为拟态环境的构建者，尤其是在使用者心理方面，毕竟社会大众所做出的行为必然带有反映其知识结构和社会经验的痕迹存在，这些因素会左右个体处于“趋利避害”的心态，相比于所看到的客观情景而更愿意选择跟随“本心”，最终做出带有主观倾向性的社会判断。

恰如麦克卢汉所说的“媒介是人体的延伸”，互联网自 20 世纪 40 年代普及至今，人们在网络中从事着与现实生活中无差别的行为活动，然而网络的虚拟化空间也带给社会大众一些诸如网络信息安全、网络暴力、媒介审判等新的社会性问题。另外，虚拟空间相比较于现实社会显现出更多的不可控性和未知属性，面对同时具备“现实人”和“网民”两种身份的社会大众，需要区别对待不同环境中的个体或组织。尤其是作为网民的社会大众，在虚拟世界中表现出的自我与现实世界中的他们联系较少，甚至有着天壤之别；在现实社会中，社会大众有着习惯性躲避、冷漠的处世态度，但是在网络世界中，社会大众则更多地表现出情绪化群聚、跟从的关系态度。“主人翁”意识让社会大众的个体认知水平和个人自主能力得到重视，在缺少网络规范的情况下网民的网络行为既没有底线也没有上限，仿佛网络的无限空间默许网民的无限行为一般。数字鸿沟是现代网络政治参与难以忽视的一个问题，对社会大众而言，互联网在成为人们传达自身意志的平台之前，首先依然是一个具备一定使用难度的技术工具，掌握一定的文化知识和专业技能是使用网络的前提，如果使用者对使用工具一知半解甚至一无所知，那么也就无法企及所谓的政治参与活动。

“民主”的出现，让政府的权限范围自 19 世纪起发生决定性的转变，公众开始成为国家治理过程中的积极参与者，然而在国家治理的参与主体丰富之后并没有呈现出人们所设想的治理局面。民主在不同的使用者手中可能被赋予不同的意义。哈耶克曾提出，民主并没有如人们期望的那样，只作为一种可以防止专制和压制的特定手段，它可能成为“任何多数否弃它所不喜欢的政府的约定性安排"①。尤其是在网络舆论席卷而来的背景下，人们因为网络媒体的宽松环境而认为舆论成为现代社会中民主的体现，但是，网络环境中群体众意的集合并不能完全代表社会大众的公意，由此说明民主的演绎并不能因为简单的媒介而得到确切的实现。从政治学来看，政府执政有保障现有秩序和推动事务改革两项基本职能，在这两项职能的实现过程中存在着较高的风险。网络媒介让人们参与社会治理的积极性得到提升，人们倾向于在网络平台中实现自己的政治参与愿望和权利，短时内参与社会治理的人数猛增造成"参与膨胀"现象的出现，人们对如何进行社会治理拥有着各不相同的看法，而对政治看法的增多会导致人们对现有的政治信仰的冲击和动摇，从而引发人们盲目地陷入对现有政治体制的认同危机。

① ［英］冯·哈耶克.《民主向何处去？——哈耶克政治学、法学论文集》［M］. 邓正来，译. 北京：首都经济贸易大学出版社，2014：186.

第四篇

技术隐忧篇

第七章　媒介环境围困治理

人们在媒介使用的过程中，既是媒介的“主人”也是媒介的“奴隶”，而媒介化环境和媒体依赖症的存在则让公众在更多的时间和事件里成为被控制者。信息技术的提升让社会大众的生活日益便利，公众倾向于选择新媒体来实现节约时间成本和空间活动的期望，媒介依赖现象就此产生并深深地改变着社会发展进程，这种惯性认知让穿梭在虚拟世界和现实环境之间的社会大众难以挣脱甚至不想离开媒介化社会的包围。后真相的出现让政治与媒介进入“情感”操盘时代，“真实”与“失实”之间的一线之隔变得脆弱而稀薄，网络媒介中呈现出来的问题开始影响公众对现实政治的看法。然而低限度的网络传播过程中，各种烂尾信息、反转新闻、延迟报道的存在，以及网民过度沉迷于自媒体功能的现实情况，让政府信息传播陷入低信度甚至无信度的旋涡里，甚至出现媒介技术反噬社会参与公共性的可能。

一、媒介化社会的“包围”

互联网已然成为社会生活中必不可少的一环，媒介化社会的形成让人们被包围在技术架构的认知世界中，社会公众使用新媒体时，因媒介技术改变生活方式而欣喜的同时也受到媒介环境的制约。恰如尼葛洛庞帝在《数字化生存》中对人类与媒介关系所描述的场景一样，只要人们能够从网络媒介中获取“有用的信息”，那么人们的媒介依赖性就不会自然而然地彻底消失。

1. 拟态环境

在媒介没有介入我们的生活之前，简单的生存技能只能让人们接触到少量的事物，社会关系趋从于简单的就近原则，有限的活动范围让直接经验成为人们获取知识和信息的唯一途径，血缘、情感等伦理关系成为左右信息输入及判断消息可信度的基准。人类社会的进步让普通人活动的范围越来越大，基于对生存空间和生活质量的追求，大规模的人口迁移开始出现，打破地域限制和时间限制的远程通信方式成为信息技术行业的关注点，从而制造出符合人们现代使用习惯的通信设备。在网络媒介出现后，人们能够接触到的信息越来越多，其中大多属于和自身没有直接关系的内容，个体的兴趣和需要在信息搜索中成为影响人们主动使用网络媒介的直接原因。按照个人兴趣而收集到的信息环绕在个体的周围并且呈现出累计递增的态势，网络媒介不仅通过这些信息为人们建造自娱自乐的“信息茧房”，还将媒介搭建的“小世界”效应带给社会大众，创造出媒介现实社会，即“虚拟环境”。出于自身需要而获取的信息资源成为网络媒体推送新消息的依据，媒体这种投其所好的做法无疑在提供信息的同时也为社会大众建造了一圈又一圈的“信息围墙”，将人们按照个体单位分割开来，进入个人色彩鲜明的“媒介围城”。此外，人们在获取信息满足需要之后，还会根据媒介提供的信息通过想象的方式来建构对陌生事物的认识和对外部世界的看法，最终进入一个媒介营造出来的现实之中。

拟态环境的出现将现实世界一分为三，在原有的客观现实与主观现实的基础上又增加了媒介现实，而新媒体技术则是让媒介现实的建构力量更加强大，在创建出独立的虚拟空间的同时，还能够通过影响网民的认知习惯改变现实世界。即使是在互联网出现之后，以血缘、情感为纽带而形成的关系较为亲密的人际传播，依然是社会大众认可度较高的传播方式；而以社会公共利益、公共事件为出发点的大众传播，由于直接关联度不高普遍受到忽视。在人们经常接触网络媒介时，惯性的媒介使用思维让网民将网络世界中接收到的媒介信息直接当作客观现实，人们关注比较不同途径查找信息所花费的成本而存在忽视易得信息的质量和可信度的隐患。例如，人们在新媒体产生后热衷于各种“晒图”行为，这种全民狂欢式的参与和表达正是个体掌握信息传播的主动权的一种表现，但这些被编辑信息背后所包含的现实意义和传播价值则无疑是个大写的问号。在大众传播时代，也许传递的仅仅是新闻媒介和媒介产品制作者表达的内容，而在信息传播者范围几乎与网民同等的全媒体情况下，最终形成的就是媒介的现实而不是人主导的现实，无论是“谁说什么”都必然经过媒介的渠道进行传播，那么在信息传递的过程中媒介发挥的作用远远超过信息本身的意义。

由于活跃在媒介生产过程中的人员在新媒体平台中几乎呈现出纷繁复杂的状态，一旦媒介成为某些阶层或群体的代言人，无论成为哪一类人的代言人都会打破现有的话语平衡，那么，网络空间中所谓的“绝对自由”可能会像绝对的统治一样不可想象。“融媒体”“全媒体”“智媒体”等新名词接连走进人们的视野，在这些新名词的背后存在着一个共性前提——网络技术，尤其是近年来出现的远程控制器、虚拟机等智能设备，其应用都以网络技术的创新为基础，对通信系统的依赖无法剥离。新媒体不再局限于解决交流互动需求的传播角色，功能性的变化让新媒体成为对社会个体产生影响的媒介环境。实际上，新媒体的普及虽然满足了人们对社会发展过程中部分物质文化要求的欲望，物质诉求的便利服务让人们更多地停留在这一思考层面，但是在传播方面，新媒体只是消解了传统媒体的权威话语权，并没有让传统媒介塑造的拟态环境消失，反而借助媒介介质的密集构建出一个更为复杂的、新型的拟态环境进而创造出媒介化社会。

人们日益依赖媒介来认知现实中的世界，尝试用媒介中接触到的信息来建构人脑中的“真实”，这种“真实”是一种经过媒介和人类意识双重加工的事实，它区别于人们传统认知中的事实真相。网络媒介空间中，所谓的“事实”经过再创作而成为“媒介作品”，在信息传播的过程中，不同主体将自身的意识和愿望进行加工和修改，这种做法让最终返回社会大众视野的信息成为欲望叠加的媒介新产品而非人们一直认为的信息复制品。拟态环境从媒介空间挤占现实空间逐渐过渡到媒介空间和现实空间的叠加，再到包括思维空间在内的多重空间的重合，让虚拟和实体相互交织的空间环境对人们生产生活产生日益深入的影响。即使人们开始意识到在日常生活中新媒体完全性融入的背后所带来的安全隐患，人们依赖媒介环境形成对现实世界的认知判断的思维方式却无法找到合适的替代品，在此基础上进行的实践活动最终又反作用于现实环境，使现实环境越来越具备媒介环境的特征，这就是日本学者藤竹晓提出的“媒介环境的环境化”的含意。①

社会大众既是媒介使用者又是社会治理的参与主体，被名为媒介环境的“围墙”所包围的同时也在不停地制造出内容更新、范围更广的媒介环境，社会大众以“打包”的方式集体投掷于媒介环境，却又被这些媒介所形成的“围墙”分置在各自的“小世界”中自娱自乐。由此可见，具备社会治理参与者和社会服务享受者双重身份的大众，借助媒介工具展开社会治理的活动时，明确三者之间的相互关系及这些关系对社会大众的影响显得尤为重要。从传统哲学角度而言，客观现实和主观现实是一对传统的范畴，在网络空间出现之后，这种传统关系则被拓展为客观现实、主观现实和媒介现实三者之间的关系。这种变化向我们揭示出网络与现实之间的虚实界限是模糊不清的。当一个社会事件发生时，人们首先是通过媒介获知

① 樊葵．媒介崇拜论［M］．北京：中国传媒大学出版社，2008：15.

信息，然后通过媒介讨论、加工信息制造话题，将其“送上热搜”以提升关注率，在这一过程中事件本身与媒体活动明显处于不同的节奏，网络个体的活跃成为带动社会行为的主要力量。然而，社会个体在网络中异常活跃的同时，在媒介空间中被放大化的自由让回归大现实生活中的人们出现思维反差，无论是在情绪方面还是在行为方面都无法摆脱网络空间的影响而出现夸张的模仿，这些影响甚至衍生出更多的社会问题。

2. 媒介依赖症

1976 年，美国传播学大师梅尔文·德弗勒（M. L. DeFleur）和桑德拉·鲍尔 – 洛基奇（Sandra Ball – Rokeach）就已经注意到媒介在个体和社会之间的枢纽地位，认为媒介是受众联系社会的一个重要的中间地带，随后提出描述媒介和人类之间关系的媒介依赖理论（Media Dependency）。从人类的发展历史中不难看出媒介占据着越来越重的分量，社会结构从松散到紧密，生活方式从简单到复杂的一系列变化让媒介挤占其他社会工具的可能性得到提升，信息化、智能化时代的进阶式发展，让人们能够脱离媒介置身事外的可能性逐渐降低。人的社会属性要求人们无法离开社会范围而自娱自乐，只有生活在社会范围内才能获得自身所追求的目标，生存的本能让人们无法忽视和疏远媒介的存在价值。如果说大众媒介是人们熟悉社会化信息的开始，那么网络媒介带给人们的就是一个成形的媒介化社会，以至于人们对媒介的依赖成为社会性的普遍认知，并出现非正常的症候群现象。面对以互联网为基础的媒介环境，媒介形态的多样化也成为不可忽视的因素之一，可植入的芯片、可佩戴的装备与移动媒体中软件的结合使用成为常态化选择。“万物皆媒”的生存现状让人们的个体活动和社会活动与媒介密不可分，日积月累的行为导致惯性思维的养成，对媒介的依赖成为不自知的生存标签。

一直以来，目标与资源被不少学者视为媒介系统依赖关系的两个基点，对网络媒介而言，则具体表现为人们的使用目的和网络资源之间如何搭建出社会大众对媒介的依赖关系的问题。其中，无论是个体还是组织的行为都必然带有特定的目标，这些目标在社会大众与媒介之间是需要相互实现的，彼此成全对方目标的实现，此时的所用物交换则成为人们媒介依赖关系生成的一份助力。另外，媒介资源和人口红利的互惠互利也是人们与媒介之间建立共同关系的重要原因，这些资源包括信息资源、数量资源、平台资源及在这些个体资源基础上形成的合作而衍生出的媒介资源。当然，由于社会在一系列基本活动中无法单纯地依靠人际关系来建立社会关系，人们通过媒介实现的不再仅限于对信息的需求，更多的是突破固有交际范围而获取的网络关系。所以，大众传播媒介系统控制着信息资源的收集、处理和传播渠道，社会系统中的个体、群体、组织等社会实体的目标需要通过媒介来实现，基于目标—资源模式的存在，人们对媒介系统的依赖关系由此诞生。大众传播媒介系统为媒介依赖关系的生成提供基础条件和成长环境，随着人性化的要求提高，网络媒体、移动媒体的实用性更强，使用者在满足生活基本需求的基础上开始接受或者推动媒介开发出其他领域可以使用的功能，进而在降低成本的前提下实现自身愿望。

5G（5th Generation Wireless Systems）、AI（Artificial Intelligence）、物联网等新技术的出现让媒介化社会的概念更加成熟且多变，传统的社会结构和社会关系由于网络技术的丰富开始出现变化，在这一过程中，受众的角色和地位得到最多的关注和重视，也因此被视为媒介依赖形成的主要因素。人们对媒介的依赖存在着一个从无到有的发展过程。封建时代，信息主要用于公文、政策的发布，属于单向传播，信息内容所涉及的主体不能覆盖大范围的社会阶层，受众仅限于达官贵族和具有购买力的商人，而普通人因为生产力的限制而不需要甚至没有机会接触到。电的出现开始打破信息垄断的局面，电报、电话最先出现在人们的生活中，让信息传递和语音的即时交流成为可能，并且常态化，这使得受众开始向社会大众普及。电视的普及才是真正意义上奠定受众在新闻传播过程中重要地位的节点，人们开始专门花费时间和精力集中在电视节目上，占据在这一时间段内其他劳动行为的发生概率，观众成为彰显电视媒介影响力的专有名词。同时，因为眷恋电视媒介而专门守候电视机的观众群体在电视节目大行其道之时开始大量出现，研究者根据沉溺于观看电视节目的人群特征，将他们命名为“沙发人”“土豆人”，用来形容他们依赖媒介而活的生存状态，“媒介依赖症”的称呼也是从这一时期开始逐渐被人们认知并开始广泛应用起来的。

查尔斯·扎斯特罗①认为，个人的生存环境是一个完整的生态系统，由一系列相互联系的因素构成的功能性整体，其中包括家庭系统、朋友系统、工作职业系统、社会服务系统、政府系统、宗教系统等，而人是在环境中与各种生态系统持续互动的主体。② 媒介化社会的形成已经成为人们无法忽视的系统因素，它既是构成生存环境的一部分，家庭、朋友等内在系统相互交织，也是一种具有独立系统的社会环境。它在不断挑战着传统社会环境和伦理关系的同时也在重新塑造人们的思维方式和道德标准。依赖是一种非理性的寄托关系，词语本身暗含着不平等的社会关系，而这种媒介依赖关系在媒介化日程中则更多地被解读为人们对媒介的单向意愿。虽然媒介的运营势必需要受众的参与，但是人们在日常生活中对媒介的使用却长期处于过度状态，网络设施对人力物力的节俭让其覆盖范围逐渐扩大，人们在熟悉新的使用方式的背后就是传统使用方式的遗忘和没落。然而，即使人们能够清晰地认识到网络媒介背后潜在的使用危机，也无法在媒介化环境下改变这一发展的趋势，网络依赖习惯的存在让人们无法切断网络“小世界”和现实“大世界”之间的联系，而媒介现实的渗透早已让

---

① 社会学家，美国威斯康星－怀特沃特大学社会工作系教授，现代社会生态理论最著名的代表性人物之一，著有《社会工作和社会福利导论》《社会工作实务》等。

② 师海玲，范燕宁．社会生态系统理论阐释下的人类行为与社会环境——2004 年查尔斯·扎斯特罗关于人类行为与社会环境的新探讨［J］．首都师范大学学报（社会科学版），2005（4）：94－97.

网络和社会交融，形成粘连状态，人们甚至对是否有必要一定要扭转环境因素带来的发展态势依然处于不确定状态。

在信息时代，人们通过网络媒介搜索新闻消息，关注社会事件，甚至细化为了解股票市场、天气预报、交通拥堵、文娱活动等生活琐事。其实，人们对大众媒介产生依赖关系的开始源自新媒体的海量化信息传播满足网民对信息获取的需求。同时，多元的平台设计为网民之间交流共享信息提供了空间，媒介本身就是技术进步和社会变化的一个缩影，人们在接触媒介过程中的表现也成为媒介升级的原动力。媒介的开发注重挖掘出人们的潜意识行为，将人们在现阶段无法通过媒介实现的操作记忆下来，成为下一阶段媒介设备和功能延展的主要方向，无限制地开发人的潜能让媒介产品能够长盛不衰，而这也恰恰就是人们无法甚至不愿意离开媒介的真实原因。对媒介而言，在社会大众多种多样的角色中，“消费者”的角色无疑得到了最多的关注，使用体验和消费者满意度的衡量标准让媒介的成长正式且正规，消费欲望被满足的人们在与媒介看似等价的交换过程中，即将花费的成本早已远超于已经发生的一次性交易。人们欣喜于媒介为其提供的服务和产品，满足于媒介给予的个体主动权和主人翁地位，在社会生活中无法轻易获得的荣誉和能力在媒介服务中得到实现，这些使用体验让人们在对媒介形成的物质依赖的基础上产生更深的情感依赖和精神寄托。

现代生活中，媒介不仅是人们选择信息的一种工具，更成为人们的一种生活方式，网络世界不仅能提供信息，更多的是提供服务；尤其是在网络媒介成为人们参与社会治理的使用工具之后，治理理念和服务意识的发展也开始依托于媒介。网络平台中能够提供的多样化服务让人们在社会生活中因为“分身乏术”而无法解决的问题得到缓解，能够用网络媒介途径解决的事情逐渐增多，功能的全面支持让人们在不打乱日常生活节奏的情况下越发地依赖媒介，而且这种依赖在人们的意识当中呈现出欣喜的状态。同时，新媒体除了帮助人们解决生活中缴费、咨询、申报等事情之外，网络剧、网络游戏等消费品的存在还成为人们摆脱和释放社会压力的途径。现实生活中的焦虑感和危险意识让人们更加急于通过网络平台提供的信息内容和服务来寻找安全感，除了媒介再也没有其他的存在能够同时满足人们的各种需求。另外，社会个体在通过媒介塑造的独立空间中进行了自我定位和自我塑造，社会的评价体系经过常年的积累已经成熟，人们对优越条件和社会认可的方式因传统而缺少多样性，然而网络媒介中的成就感和荣誉感却可以轻易获得，人们依赖媒介能够带来的心理满足和情感满足，倾向于在新空间中被给予一次又一次能够进行价值定位和个体塑造的机会，由此可见，媒介的存在不只是为提供，也为提供“被依赖”的可能性。

二、公信力的“动摇”

数字技术将世界重新构建成一个万物皆媒的“地球村”，任何个体、组织，甚至国家都被包围在其中，媒介生态成为人类社会绕不开的一个词语，社会治理受到媒介环境的影响越来越深。如今，人们的网络生活已然进入冲突与反思的阶段，“后真相”时代的到来让人们开始思考这样一些问题，比如，网络世界中的“自由”是什么？自媒体社区中为什么会出现非理性行为？网络在推进民主的进程中公信力是如何被动摇的？

1. “后真相”时代

2016 年，“后真相”（Post - truth）被牛津词典评为年度词汇，用来彰显在网络信息盛行的时代，客观事实在情感表达和个人信仰方面的重要作用，颠覆了整个社会主体对客观事实的传统认知，“真相”的重要性被动摇。在“后真相”一词出现之前，人们通常将舆论视为社会治理过程中难度最大的环节，社会事件的发生总是伴随着亟待处理的舆论引导问题，如何还原事件真相一度成为解决问题的重要途径，然而，后真相的出现让人们意识到舆论已经发生变化，不再是最初的网络舆论，和情绪、信仰、看法混杂在一起的舆论已经成为人们社会态度的产物。人们一直警惕“沉默的螺旋”所引发的群体效应，试图通过有效的方式来避免因为舆情疏导不及时而引发的群体极化现象，降低不实信息引发的相关社会问题发生的概率是首要任务。然而，在舆论从形成到发挥效应的整个过程中，人们发现如何还原客观事实的原貌以及如何提升社会大众对客观事实的信任度成为难度最大的工作内容。舆论源自网络媒介中汇集在一起的“千言万语”，这些观点、意见在相互交织、相互融合后衍生出犹如风暴一般的“舆论圈”，席卷着或有关、或无关的一切事物，客观事实在不停地叠加带有情感倾向的观点，最终再不复事件原貌。客观事实引发的舆论成为个体表达的一场“情感盛宴”，人们不再关心事件的原委和真假，“如何表达”及“表达什么”成为人们参与舆论的关键行为。

戴维·温伯格在《知识的边界》一书中根据事实的基本形态将其划分为三个阶段，分别是事实稀缺、解决争论的经典事实时期（Age of Classic Facts），海量事实、机器运作的数据事实时期（Age of Databased Facts）以及当下的网络化事实阶段（Networked Facts）；而“大到不可知”（too Big to Know）的网络化事实则认为这可能会造成强化原有立场、丧失总结能力等后果的出现。① 互联网让信息社会初具规模，加强信息在人们社会生活中的存在感和社会地位，加速媒介化社会的渗透和形成。无论是大众媒体时代还是信息时代，抑或智能化时代，客观事实的本体含义并没有发生本质变化，实质上，社会环境的不同改变的是社会大众的社会态度和社会情感。网络媒介中形成的事实不同于真实发生的客观事实，无论是事实起源还是形成机制都有着明显的差别，但是伴随着客观事实在网络舆论形成过程中影响力被逐渐削弱的现状，媒介事实的影响力度逐渐超过客观事实而被人们认定为“真相”的存在。这种“真相”形成于网络媒介，换句话说

① 胡泳．后真相与政治的未来［J］．新闻与传播研究，2017（4）：5－13＋126．

是从无数网民的意见交流中诞生出来，经过媒介选择性加工过的媒介事实，主观表达占据着超越客观事实的更多分量，主体的情感因素、态度因素成为主导。

信息时代并没有向着人们当初预想的方向前行，反而是在发展过程中出现了更多棘手的问题。假新闻、反转新闻的频繁出现，网络新闻审查标准受质疑，这些现象让人们一度以为进入“谎言取代真相”的模糊阶段。新闻内容的虚假不实及经常发生反转的现状让社会大众在接触新闻信息时产生措手不及的荒唐感，不真实的信息内容和不严谨的媒体报道破坏了社会大众对媒体和媒体信息的信任度，以至大众媒介时期建立起来的“媒体权威”因为质疑而被淹没。近年来，网络媒体在现有数据库的基础上对用户使用痕迹进行跟踪，依据每个用户已经发生的搜索行为来推算其在一定时间内关注的信息，从而为客户推送带有个体特征的内容，以达到增加点击率、实现市场利润的商业目的。算法推荐的出现让人们的信息接触范围从大世界回到小世界，即使接触到的信息量呈现出海量状态，信息内容的种类也并没有因此而发生质的突破，这种带有局限性的信息接触更是将人们的个人情绪化和自我表达欲望推到一个前所未有的高度。个体性的增强让人们更在意自身意识的表现而忽视社会性的关注，接收到的信息成为个体表现的来源，重在表达而非关注事件本身的观众视角让假新闻的滋生变得容易，“无事实、无真相”的偏见在人们的社会认知中逐渐形成。

媒介形态的进化无疑是后真相出现的一个重要前提，另外，媒介功能的进步也是媒介参与社会治理，融入社会大众日常生活的基本条件。媒介凭借自身的技术优势逐渐成为社会活动中的关键，无论是个人活动还是集体活动甚至是国家活动都开始出现媒介的影子，媒介在其中扮演的角色也开始突破宣传工具的单一定位，成为多功能的使用工具。即使成为参与社会治理的重要工具，在使用过程中依然无法忽视媒介本身所具备的媒介本性，媒介形态多样化让信息传播的把关环节难度加大。信息的海量化和环境的复杂化让不实信息的滋生范围变得不易界定，媒体的市场化和网络的灵活性也让把握信息准确性和真实性的工作难以实现准确的判断。实际上，后真相不仅仅是对网络媒体环境中不实信息传播的形容，更是对包括不实信息在内的个体情感传播和网络群体行为的一种反思。正是基于以上原因，后真相成为社会大众反思现有的社交媒体传播机制的导火索，网络空间的自由交流对成熟的社会体系会产生哪些影响，这些影响对日益依赖和欣喜于社交媒体的对象而言则是利弊难测的一个问题，毕竟社交媒体圈已然成为人们建立社会关系的主要途径。

当下，“后真相”的威力之所以被人们重视，主要原因在于互联网已然进入国家治理的范畴中，面对网络媒介在社会治理过程中的参与度与日俱增的现状，人们意识到重视“后真相”在社会情感和社会态度形成中的作用。另外，这种参与式民主的出现在发展的过程中逐渐融入更多社会情绪和社会信仰，让网络媒介参与社会治理所需要面临的挑战远远超过因不实而备受指责的假新闻。自从新闻媒体诞生时假新闻就一直存在，而“后真相”一词则是在舆论盛行时才出现，假新闻突出的是信息的虚假，而后真相强调情感煽动力，二者之间不存在对等关系。由社会事件引发的话题式舆论中，绝大多数在社交媒体平台中会出现不完整信息、假新闻甚至谣言现象，人们对事件本身的关注度远不及利用事件获得的曝光度，社会信任和社会责任感的缺失让新媒体呈现出更多的个人信仰而缺少共性追求。在面对这些情况时，网民更多地表现出情绪化的言语攻击行为甚至衍生出群体极化现象，人们执着于某一事件带来的认知冲击中无法自拔，却选择性遗忘对事实真相的挖掘以至忽视、抵触专业媒体的新闻信息。另外，人们习以为常的惯性搜索在算法推荐等媒介技术的处理下，让人们的媒介行为局限在寻找自己想知道的、喜欢的信息资源范围内，形成将社会大众个体化的信息茧房，信息的分流传播为感性因素比客观事实因素的发挥空间提供便利条件。

社会信任作为连接陌生社会关系的纽带，却在“后真相”时代产生着变化，传统意义上的社会信任正在以一种前所未有的、反常态的甚至是极端化的姿态出现在社交平台中，在网络空间中以言语化、欲望化的形态集结在一起的方式过于单一和脆弱。虽然社交平台改变信任的建立方式和存续标准，更多的是以人类的本能和原始状态为依据而忽视客观理性和实践经验的作用，但是，这种缺乏社会现实和伦理关系的信任却在网络媒介的支撑下存活下来并日益庞大。伦理一直是我国社会关系的基准，这种社会共识也成为社会信任关系建立的途径，人们从最初的、原始的家人、朋友、工作关系逐渐拓展出多样的社会关系，感性因素就是在这一阶段发展为具备影响力的现实因素，然而在新媒体出现之后，人们建立信任方式的增多，却没有带来更加可靠的信任关系。以往从“自己人”到“外人”的递进式信任体系，因为媒介的介入直接演化为从“他人”到“他人”的平行式信任体系，这种依托于技术平台的信任模式因为“陌生人”的固化思维的存在，以及新媒介使用新鲜感的滑落，而让各种影响人际关系的信息危机爆发出来，不信任关系的发生概率出现不断攀升的势头，反作用于社会治理甚至国家发展的进程上。

2. 自媒体迷思

网络时代的来临让世界的概念因媒介而变小，成为人们口中的“地球村”；变化在历史的发展进程中贯穿始终，也成为社会治理中要时时面对的难题。新事物的出现总是伴随着人们的好奇心和新鲜感，自媒体在最初投入使用的时候便明确地定位为“自我”“关系”“互动”等，具备战略性的商业部署如今已经成为社会治理中不可忽视的社会关系圈。自媒体的出现打破传统意义上依据权力标准而划分的社会层次，将社会大众放置在同一个平台中实现信息共享和话语权的平等，人们通过自媒体时刻关注社会动态，及时了解社会热点，表达自身对社会问题的关注和看法，在此基础上诞生出网络政治参与的路径和模式。新媒体参与社会治理的模式创新同样包含对自媒体高普及率的考量，这是网络媒介社会化的必然趋势。媒介使用率的提升而带来的社会关系的变化，以及引发的人们社会情感和社会态度的一系列变化都会对媒介化社会甚至媒介化社会体系的形成带来影响。自媒体的突出特征就是个体意志的表达和社交关系的建立，相比于网络媒介带给人们观察世界、认识世界和接触世界在渠道方面的改变，自媒体更多地带给人们在思维模式、传播模式和态度模式上的转变。

互联网的出现以及各种电子设备的流行正在不断压缩着人们一直以来生存的物理空间，信息交流已经成为网络最基本的用途。在线购物、医疗咨询、远程教育、生活缴费等，这些人类的日常行为活动都可以通过互联网平台来解决，以电商为代表的网络服务系统的出现将网络空间打造成一个不亚于现实实体的生活圈。网络技术为人们寻找到一块新的发展空间，实际上人们在其中逗留的时间越长、花费的精力越多，对技术空间的依赖性也就越强；因此，无论是哪一个行业都在致力拓展网络平台的业务服务范围，期待吸引更多的潜在消费者从而达到扩大市场占有率、提升使用率的目的。自 2011 年起，人们用于上网的时间就在不断增加，截至 2018 年，我国网民的人均周上网时长已达到 27.6 小时①；从人们花费在网络使用上的时间和网络应用的行业领域不难看出，网络生活在人们日常生活中所占据的分量越来越重，人们不愿离开网络媒介为自己提供的活动空间，自媒体让人们在社会生活中能够更多地看到自己，而手机等伴随式设备的出现就是对这一发展态势的佐证。社会大众在自媒体的使用过程中增强作为治理参与者的社会主体意识，媒介平台提供的私人化空间，给予使用者自我学习、自我展示的机会，自始至终的独立作业成为人们作为社会个体成长的历练。

协商民主（Deliberative Democracy）是我国基层自治必须遵循的法治

---

① 该数据源于中国互联网信息中心（CNNIC）2019 年 2 月 28 日发布的《第 43 次中国互联网络发展状况统计报告》第 13 页。

原则，公众自媒体的参与被视为协商民主的法治精神的体现，这种参与方式让行政过程的公众利益认知和情感基础更加丰富①。人们的“主人翁”意识伴随着媒介技术平台的加持逐渐成熟，让网民萌生出更多的希望自由行使权利的想法，在属于自己的媒介中传递自我意志、表达自我感受成为人们迈入媒介化社会治理程序的第一步，也是人们在网络媒介中实现协商民主的积极尝试。然而自媒体依然属于有待验证的新生事物，尚有许多未知属性没有被挖掘，这些未知属性导致人们在使用自媒体参与社会治理过程中产生出诸多问题。另外，自媒体的把关和管理方式及网络空间的整体信息安全都呈现出不成熟的状态，环境坚守的缺失无疑让隐藏在新媒体背后的“自治能力”隐患成为媒介管理中不能绕过的环节。新媒体已经成为人们参与社会治理的必要工具，在电子政务出现之前，人们对了解政府信息、获知政府信息都处于单一的传播路径，更无法谈及对反馈的认识。但是，在人们通过互联网关注政府信息之后，及时、有效地掌握信息和反馈信息让人们处于积极、主动的位置，从而发展为社会治理的参与主体之一，在网络媒介空间中被赋予的传播主动权让人们开始有意识地学习如何积极主动地参与社会治理。

自媒体因其对社会文化中“草根性”的呈现而备受关注，起初表现为普通社会大众的娱乐狂欢，而后伴随着自媒体对社会大众影响力的增强，各级政府部门、各类民营企业及公益性民间组织也相继采用自媒体的传播渠道。然而自媒体平台的进入门槛低，拥有媒介设备和通信业务服务的使用者都可以建立属于自己的微博或微信号，运营者对自媒体传播者的把关无法面面俱到，导致平台中发布的信息内容呈现出参差不齐的状态。另外，视频类传播平台的兴盛滋生出大量以盈利为目的的传播者，受到博眼球、蹭热度、赚话题等想法驱使，更多的人处于“为表演而卖力表演”

① 刘露瑶，朱国云. 公众自媒体参与社会治理的法治价值研究［J］. 南京社会科学，2017（5）：89－94＋110.

“为炒作而拼命炒作”的状态，甚至出现以恶作剧、无厘头等方式违反法律、道德、价值观的做法。这些无边界、无底线的利润操作无法保证人们在网络平台中进行文化传播的纯粹性，也让自媒体平台的传播环境被诟病，因此产生出不少为“博赏”和“打赏”而引发的现实问题。这些问题的频繁发生也成为社会治理过程中需要关注的社会问题，让人们意识到解决媒介本身的传播漏洞将成为判断新媒体是否能够实现辅助社会治理程序的有效运行的标准之一，自媒体平台中的传播群体如果呈现出不稳定、低俗化的动态，势必会影响到社会体系的健康发展。

一直以来，“个性化”被视为自媒体引以为傲的标签，彰显个性也是人们选择自媒体平台的普遍目的，在自媒体平台中通过图片、文字、短视频的方式向熟人以外的世界传递个人魅力。由此，个人色彩的描述和展示成为大部分网民在网络世界中从事的主要活动。此外，“热搜榜”的存在也让自媒体成为人们关注“热门话题”、获取即时信息的集合地，流量成为自媒体用户的关注重心。自媒体使用者从最初的自我表达逐渐发展成为职业化的信息资源的输出机器，用户的价值观念发生巨大变化，传播目的从自我表达转变为收获粉丝，传播内容从自身经历转变为粉丝喜欢的事物和景象，传播对象更是从潜在的关系转变为潜在的市场。自媒体在实现向社会大众普及传播主动权的愿望之后，网络空间中的信息管理没有与媒体功能的提升实现超前或者同步，人们在自媒体中的自由发展，让其演化成为物质优先、流量优先的交易市场，由此带来低俗化等一系列不良现象。用户价值观念的变化让人们不免疑惑，对新媒体、自媒体抑或社交媒体而言，隐藏在它们强大的应用和服务功能下的，究竟是具有现代意义的人际传播模式的创新，还是个人消费主义的过度表现？这些问题让社会治理过程中理解和分配新媒体的工作变得尤为重要。

熟人社会时期，个体或组织的道德意识感非常强烈，原因就在于“熟人”对社会关系的影响力，一旦有超乎常理的行为出现，那么行为者必然受到来自自身活动范围之内的质疑甚至指责。新媒体的出现打破了“熟人”和“陌生人”之间的界限，人们通过媒介平台能够接触到任何自身想要接触的人或事，建立关系的主动权回归到个人手中，个体意愿成为社会关系建立的关键。自媒体的虚拟性和交互性将网络世界塑造出“戴着面具的众生”，人们隐藏在屏幕背后和他人进行交流互动，广阔的空间为以往无法言表的诉求和欲望提供了足以生存的空间夹缝。网络空间成为人们互相交流的主要阵地，在这里建造出一个与现实社会既有联系又相互区别的“媒介社会”，客观现实被人们带入其中并成为讨论的话题，新形成的话题又被人们带回社会现实加以检验，这种循环往复的过程成为人们使用新媒体参与社会治理的开始。然而，自媒体在社会治理中的角色必然会伴随着媒介化社会的形成多样化，最终实现集宣传功能、业务功能、服务功能于一体，真正地突破媒介属性的限制而发展成为社会公器。

3. 反噬“公共性”风险

“公共”一词并非18世纪的“舶来品”，在中国古代典籍中就已经有关于“公共”一词的明确记载，其中，以《史记·张释之冯唐列传》中关于法律制度归属的解释最具代表性。① 《现代汉语词典》将“公共”解释为“属于社会的，公有公用的”②，由此可见，公共的含义自古至今都与社会大众有着密不可分的关系，对其社会属性的强调也彰显着词语的适用范围。然而，公共性与公共不同，“公共性”一词来自西方国家，更多地出现在政治话语领域，源于古希腊和古罗马时期，对公共性的提倡被视为国家治理的脱离宗教色彩的祛魅过程。自1962年哈贝马斯在其著作中开始正面论述公共性的问题开始，关于公共性的观点主要分为受法兰克福学派

① 援引自《史记·张释之冯唐列传》，原文为：“释之曰：‘法者天子所与天下公共也。今法如此而更重之，是法不信于民也。’”

② 中国社会科学院语言研究所词典编辑室．现代汉语词典（第6版）［M］．北京：商务印书馆，2014：450.

影响而强调市民公共性的“批判理论”的观点、强调法律正当性的“合法至上”论者的观点和站在价值等级观立场上倾向于自然法论的观点。① 互联网的出现让公共性的讨论逐渐跨越政治学范围，人们开始更多地关注媒介如何体现和完善公共性，而媒介形态的丰富让新媒体逐渐参与到社会治理的范畴中来，网络媒介及其参与主体的公共特征得到凸显，政务工作和政务服务大量使用网络媒介的现实让关于公共性的讨论再一次成为社会治理参与者关注的话题。

现代政治学普遍认为，有效的社会治理依赖于获取全面的社会信息以及保障顺畅的沟通交流，社会治理对信息和交流的依赖直接导致媒介在社会治理过程中所占分量的日益加重，网络媒介凭借其海量信息和社交平台的优势，一跃成为社会治理过程中的重要工具。在网络空间中，无论是自媒体还是社交媒体，其出发点都不是公共利益的实现，自媒体的营销点在于个体价值的传递，而社交媒体的营销点在于观点的互动和关系的建立，用户社会属性的存在让其中流通的内容具备了一般意义上的公共性和社会性，尤其是在为社会大众实现自主传播方面具备积极意义。另外，自媒体强烈的个性化和社交媒体的交互性，不仅能够有效整合社会中个体或不同群体的利益诉求，还能够及时地收集和反映民情民意，为政府提高社会治理能力提供更加充足的信息依据。网络平台中的媒介载体虽然信息流通路径各不相同，但是在人群汇集方面都有着异曲同工之处，而群体的形成正是向社会输入和输出信息及为现实提供政策依据的前提。人们向媒介聚集之后，信息、观点就会随之产生，公众意愿就在这些生成品中逐渐形成，并经过不断的讨论和辨析而产生涉及公共利益的认知，在这个过程中就开始出现网络空间中凸显公共性的行为价值。

网络空间中的公共性并不是自然形成的，原因在于，互联网发展的几

---

① 李明伍．公共性的一般类型及其若干传统模型［J］．社会学研究，1997：（4）：108－116.

十年中并没有明确地提出网络在国家政治发展进程中的定位，新媒体参与社会治理的前提是社会化媒介的存在及媒介化社会的形成，使得社会发展进程中不得不考虑以网络媒介为代表的越来越多的媒介形态的影响。尤其是面对进入智能化时代的社会现实，媒介不仅是人们在社会治理过程中使用的公共平台或社会公器，而且智能设备已经真正成为“人体的延伸”，和人们产生伴随性关系，是人和社会发展过程中的一部分，因此关于公共性的考量不能脱离媒介本身。但是，网络平台中的个体或群体对公共性的理解能否与社会现实中的公共意义相统一仍然存在疑问，这主要还是由网络空间和现实环境中不同形式的资源类别决定的。网络空间中的信息资源大部分处于开放式状态，网民在搜索信息、加工信息及传播信息方面占据着主动权，在线共享资源的存在让“共有”“公用”思维在数字化环境中形成，并且有别于社会现实中在物质条件基础上的共享。人们倾向性地认为在网络化的环境中占据类似数据或文本的公共资源可以把握在自己手中，而在现实环境中的公共资源更多的是以公共设施的形式存在，人们在使用的过程中不能占为己有，不同的使用满足感让人们对公共性的理解产生分歧。

在社会治理的范畴中，人们在衣食住行的各方面都需要进行有效的管理，提供完善的服务条件，新媒体作为人们与不同领域社会管理者的沟通、合作都需要在这一基础上来完成，包括政务新媒体在内的社会服务媒介系统的建立都在考虑范围之内。服务理念是凸显社会公共性的代表，尤其表现在社会服务条件的优劣及社会服务体系的完善，在新媒体出现后，大量的社会服务项目转移到网络平台操作，如网上预约、网上缴费、网上申报等。这些服务项目的出现正是将社会治理与网络媒介进行结合应用的范例，社会治理集中解决的问题无疑就是社会大众关注和需要的事物，而这些事物在技术的加持下都可以通过网络媒介提供给人们，在解决社会大众的一般性需求的同时，社会资源的优化配置和社会空间的疏通引导都在网络媒介的帮助下得以实现。人们倾向于更加便利的使用方式，长期累积的使用习惯让人们对媒介产生不可分离的依赖性，这种依赖性与大众传播时代的媒介依赖有所不同，大众传播时期人们对媒介的依赖更多地源自自身对电视节目的娱乐性需求，而网络时代的媒介依赖则更多地源自媒介给予人们的个人价值和生活需要，依赖性的产生让媒介在左右人们信息、观念选择上产生较大的影响。

除了媒介本身对人们在观念上的影响让网络空间中公共议题的产生受到局限之外，网民的观点能否代表社会大众的真实意愿也成为网络媒介公共性实现的争论之一。卢梭认为，在“公意”（General Will）之外还有“众意”（Will of All），但是，公意关注的是社会大众的公共利益，而众意则关注的是私人利益，众意属于群体的意愿却不能用它代表公民的意愿。① 网络媒介尤其是社交媒体中群体形成的观点能够呼应卢梭提出的众意概念，但是网络群体的众意却不等同于网络群体的公意，更不能将它直接解释为社会大众的公意；此外，网络中的群体众意是社会个体的私意的集中相加还是与私意不存在必然关系的经过群体讨论而重新产生，网络群体众意的产生过程和产生方式决定其属性归于群体利益，只有当众意能够体现出公共利益时才能上升为代表着社会大众的公意。在新媒体参与社会治理的过程中，网络媒介一直被视为相比于现实机构更容易集中民意的领域，这些被集结在一起的民意则被人们顺理成章地理解为带有天然公共属性。然而，由于公共意识的呈现并不能以数量来加以判定，更主要的是其体现的意识范围和利益主体，只有当网络媒介体现的观点和意见真正为社会大众的普遍利益服务时才能被视为公共意识的体现。

公共性作为古典时期的共和制度的核心理念，现代国家的治理观念和治理方式对公共性的关注更多地表现在文化层面，但是，在网络媒介为代

① 苏振华，郁建兴．公众参与、程序正当性与主体间共识——论公共利益的合法性来源［J］．哲学研究，2005：63－69＋129.

表的新媒体参与到社会治理过程中之后，关于公共性的思考也相对地转移到网络公共性和现实公共利益之间如何互通的层面上来。在社会治理过程中，媒介作为治理工具相继经历过从宣传为主到平台为主，再到服务为主的角色变化，功能的完善让人们对网络媒介寄予了更多的期待，甚至让媒介技术论的呼声再一次得到响应。然而，伴随着网络媒介社会地位的提升，其社会功能和社会属性的改善及协调网络媒体的商业属性和社会属性之间的分配都成为社会结构调整过程中的环节。媒介功能、属性和地位长期处于不一致的状态必然会影响人们公共利益的实现，另外，社会公意是社会治理过程中政府部门制定、修改和发布相关政策、规章的重要依据，网络媒介是收集民意的主要工具，因此，网络媒介中的群体公意必然要最大限度地真实反映社会大众的公共利益。新媒体对公意、公共性、公共利益的实现和完善与社会治理的实际效果有着直接关系，虽然新媒体在参与过程中依然存在着许多对社会大众而言不能忽视的潜在风险，但是，伴随着人们作为社会治理的参与主体，在媒介使用过程中只要社会大众的公共意识依然强烈，那么公共利益的实现就不会被媒介或媒介技术掩盖。

第八章　虚拟社群冲击治理

网络平台及共性特征成为虚拟社群成立并保持生命力的前提条件，而网络平台中类似社交媒体的公共领域则是社群依托的一块基石。然而，伴随着网络社区的不断变化，传统意义上用于意见交流、汇集民意的公共领域也出现改变，公信力的丧失让人们开始质疑这一领域存在的价值。在公共领域外在边界被模糊甚至被打破的同时，人们失去习以为常的保护屏障，随机性地选择却提升盲从心理的发生概率，最终导致非理性行为的发生。吉登斯曾预言“人为不确定性”的存在，而今的网络技术实际上加重诱发了这种不确定性的发生，网民是受网络中话语权威的驱使集结而成的非理性群体，时常对现实社会造成冲击，产生一些难以控制的后果。

一、网络社区的“封建化”

人们无论是在现实生活中还是在网络环境中都期待自身权利的实现，公共领域被公众视为独立于政治权力之外的活动空间，主要进行自由讨论公共事务、参与政治等活动，因此受到人们的追逐和期待。然而，人们的思想观念、认知水平并没有随着后现代技术的快速进步而出现同样的高跨度提升，二者之间的不协调关系让人们对公共领域的存在产生怀疑并出现盲从的迹象。

1. 质疑：公共领域

公共领域（Public Sphere）的概念最早是由美籍德裔女政治哲学家、思想家汉娜·阿伦特以古希腊城邦生活和政治经验为理论资源而提出来的，她认为“私人生活领域与公共生活领域的区别相应于家族领域和政治领域的区别，而至少从古代城邦兴起以来，家庭领域和政治领域就一直是作为两个不同的、分离的领域而存在的”①。公共领域的出现实际上就是西方国家生产力提升后，人们对传统封建政治权力反抗和尝试建立资产阶级政权的追求，后来，伴随着社会经济的发展人们逐渐意识到民主的实现不能只依靠政府一方的决断，而是应当提升社会大众在其中的分量。所以，在这样的前提下，公民开始聚集在一起自由讨论与公共利益息息相关的话题，这种在政治权力之外的公共空间中进行自由讨论公共事务的行为得到人们的认同和追随。公共领域并不是现实存在的实体场所，它是人们自由讨论公共事务的空间概念，对公共领域描述得最多的是哈贝马斯，他为社会成员勾勒出完整的民主“理想国”。但即使公共领域是由于对公共事务

---

① ［美］汉娜·阿伦特．公共领域和私人领域［M］．刘锋，译．//汪辉，陈燕谷．文化与公共性．北京：三联书店，1998：62.

的自由讨论而出现的个体集合，依然无法抹除参与成员的自我意识和个体集合的私人性，直白地说，公共领域自诞生时起就与政治权力相分离，呼吁政治权力之外话语权的实现和对公共事务的参与，那么，公共领域中的个体属性和公共属性之间的关系权衡结果则会对公共利益的实现产生影响。

市民社会是哈贝马斯提出公共领域概念时关注的对象，其中，英国、德国、法国等西方国家是18世纪到19世纪间市民社会的典型，以家庭为基本单位的再生产劳动力，让国家和社会之间呈现出分离状态，这成为公共领域诞生的基本条件。然而，19世纪后期，资本主义的发展进入一个新的阶段，由于国家干预主义的强化，“社会的国家化（国家干预社会领域）和国家的社会化（公共权限向私人组织转移）同步进行”①，这一变化的出现直接导致公共领域形成条件的弱化甚至消逝。一直以来，国家和社会的分离被哈贝马斯视为公共领域形成的基础条件，然而国家化和社会化的同步进行使得这一基础被直接破坏，象征着民主的社会环境不能再继续支持和维护市民之间公共领域的存在，在资本主义政治统治之外的思想意识得不到发展空间，从而导致人们认为传统意义上的公共领域将不复存在。当时的大众媒介虽然能够为人们提供更多的信息交流，也可以为人们创造出聚焦公共利益的传播介质，但是无法实现人们在空间概念上的群体集合，陌生人之间的公共话题交流停留在有限的时空概念中无法得到拓展，而社会环境的约束力同样挤压人们交流互动的现实空间和机会，公共领域的概念因此一度被描述为“再封建化”状态。

公共领域的界定范围和表现形式并不是一成不变的，从产生至今，公共领域经历过多次历史变革时期，每一次社会改革的时代背景都会使其呈现出与社会环境相适应的具体形态，而这种情况说明公共领域的存在离不

---

① 史娜．从哈贝马斯的公共领域思想看网络论坛在公共话语构建中的作用——以发展论坛为例［J］．http：//media. people. com. cn/GB/22114/44110/113772/7044131. html.

开组成成员的个人意识，也无法与时代背景相剥离。如果从媒介与公共领域之间的关系来看公共领域再封建化的问题则主要表现为，在大众传播时代，国家和社会的渐趋融合带来结构转型，报刊作为当时的大众媒介载体被意识形态传播和商业广告所绑架，大众媒体的公共属性被商业利润所吞没，商业性的大肆蔓延让公共话语空间的公共性呈现出流失状态。另外，“媒体假借公共舆论的外衣传播伪公共话语的现象成为常态”①，这使得社会领域被重新政治化，“公”与“私”之间的界限变得模糊，导致无差别集合的网络社群所享有的公共空间被消解，公共领域所标榜的自由活动的行动范围实际上受到局限，这就是媒介塑造的公共领域在网络环境中被“再封建化”的表现。公共领域存在于大众媒体合力搭建起来的媒介环境中，受到来自媒介本身发出的及媒介所承受的外部因素的共同干扰，从致力实现一般的公共性利益转变为分摊利益的个性化，不同主体在公共领域中的需求和欲望不再能够形成统一的目标，而是呈现为各取所需。

独立个体、媒介介质及交流空间是网络空间中公共领域构成的基本要素，当然，还有围绕公共性这一核心，无论是讨论公共事务还是维护公共利益，人们都是出于作为公民对公共社会的关注而参与其中，但这些聚集而来的意识最终的表现却带有明显的区别，即网络舆论或网络谣言。对网络尤其是注重交互性、个性化的社交媒体而言，具备独立人格的网民通过网络平台进行交流互动，集中公共话题关注度和由此而表现出来的社会问题中公共部分的讨论，网络群体的行为活动催促议题的集合和现实议程的形成，实际上就是网络公共领域形成的过程。公共领域由“私人”身份的社会大众构成，其中的成员并不会对个体进行极为细致的区分。而这一切活动所依托的介质就是媒介，能够连接和建立社会大众之间的关系，以往大众媒介单向的非沟通式传播会导致信息资源的匮乏和信息意义的缺失，

① ［德］尤根·哈贝马斯．公共领域的结构转型［M］．曹卫东，等译．北京：学林出版社，1999：234.

如此一来，社会个体的“独立”与“理性”也将失去交流和存在的意义。公共领域的存在能够让参与其中的社会成员直接、便利地接触到具有普遍意义的事件或问题，短时间内实现社会大众观点的“聚焦”，让人们能够就普遍利益问题及时地进行自由表达和充分交流，在此基础上有针对性地进行理性批判和思考，而不是人云亦云的、非理性的意见集合，最终达成群体共识，形成具有影响力的公共舆论。

“被传媒力量尤其是大众传媒影响和控制的公共领域，既汇聚着无数的个体，同时又起到了组织社会的作用”①，这使得传媒力量被视为一种新的影响范畴。大众媒介作为单向传播的媒介在“向谁说”及“说什么”方面拥有着控制权，这种绝对性的话语权威重在传递消息，却无法在消息的反馈和互动上做出贡献，“收集民意”被社会公众质疑只是大众媒介试图垄断信息传播市场、提高收视率的工作口号而不是工作内容。媒体在相同事件上的信息传播内容具有较高的相似性，容易在社会环境中形成统一的报道倾向而营造出整体氛围，而这种氛围倾向于表达的是媒体的观点，却在代表社会大众观点方面覆盖不足。因而，传统媒体在利润市场驱动下显示出追求收视率的商业属性及其单向性造成网络媒介在对社会大众开放的同时，人们在网络空间中呈现出迅速集结的态势等形成网络舆论。公共舆论的出现打破传统媒体形成的公共话语格局，网络媒体赋予社会个体的话语权为人们关注公共事务提供更多的实现路径，平台的丰富使得社会个体在传统媒体营造的话语环境中发出自己的“声音”。

互联网的出现曾一度被认为是公共领域的再现与重构，网络平台中形成的虚拟社区在聚集人群、汇集民意上都表现出大众媒体缺少的用户粘连性，参与者在平台社区中的交流互动生产出带有不断繁衍能力的话题，这种话题的出现将社会问题具化为人们能够直接触及和参与讨论的集合点。

---

① ［德］尤根·哈贝马斯．公共领域的结构转型［M］．曹卫东，等译．北京：学林出版社，1999：234.

社会个体在没有完全脱离私人领域的范围内又同时参与着社会性活动，网络社区为人们提供聚集的可能，却没有为人们提供辨别群体性质的功能，人们在参与网络社区活动时更多的是被群体态度所左右，顶着“法不责众”的逃避心理而对个人行为没有约束。需要注意的是，虚拟社群与传统意义上的社会组织不同，网络平台中的群体通常是在一个话题或事件的出现之后，网民对此进行围观继而集合成为一个有着共同关注却彼此陌生的群体，成员之间的网络关系具有随意性，甚至不存在能够实体化的社会关系。虚拟社区虽然能够较为容易地实现人与人之间的关系建立，然而依托于网络技术建立的关系是轻易的、随机的、简单的，缺少现实条件加固的网络关系在受到冲击时会因为发生大幅度的摇摆而破裂。网络环境中的公共领域并非尽善尽美的存在，而是与大众媒介一样会潜藏着不易察觉的危机，纯粹的网络关系让人们在发现问题时容易产生分裂和离群的现象，让网络舆论对社会事件的全程跟踪成为难题，形成虎头蛇尾的动态效果而埋没公共领域的实效性。

2. 盲从：沉默的螺旋

电视的出现让人们一度认为大众传播是主宰信息和改变人们认知方式的终极力量，然而这一现状很快被网络所取代。互联网的交互式特征将人际传播重新带入大众视线，以往被集中的传播权被分散地交付到每一个网民手中，再度拥有自主传播空间的网民在传播过程中却出现更多无法选择的困难情况。新媒体的出现改变了传统的传播方式，它更侧重于用户的个体意识和个体地位，为人们个人意见的表达和个性的发展提供更多的空间和路径。以往的“从众心理”产生于人们对孤独感的惧怕和安全感的缺失，一个人一旦在意见上陷入孤独状态就容易出现盲从行为，网络平台通过拓展人们的交往空间，在一定程度上破解了人们因为生活圈子狭小而出现的孤独状态，但是，缺少社会规范约束的网络行为更多表现出的任意性同样具备伤害力，“从众心理”不再是孤独的代名词，而是迷茫状态下做出的随意性选择。由于网民在网络空间中通常是以个性化的独立身份出现，因此，当这种行为体现在单独的网络个体身上时并没有引起人们的注意；然而，网络中个体意识对大多数人意识的屈从则导致群体意见的直接形成，此时的群体性意见是在从众心理的驱使下出现的，不能完全代表网络群体的真正意识，这让网络群体意见背后潜在的群体意图或欲望变得模糊不清。

网民们的只言片语在网络环境中因为在意见、观点上的同一性或相似性产生集合，在意见汇集的过程中人们通过彼此之间不间断的交流互动从而出现相互说服和被说服的现象，这些经过讨论和思考得出的观点、意见由相通状态逐渐过渡到相同状态，表现为一种同质化特征。舆论与大众传播之间的关系是沉默螺旋理论关注的主要内容，换句话说，该理论的出现就是为了更好地解释舆论现象的产生原因；在电脑设备成为普通人家日常使用的必需品后，网民成为网络世界的主要力量，“普通人”的加入打破传统技术精英才能拥有的局面，让舆论的生成环境更加复杂，解释舆论的出现原因也更加具有难度。网络平台是舆论的衍生地和高发地，人们在网络空间中的个体行为最终会汇集成群体活动，一方面是因为现实环境中自我表达路径不畅通，另一方面则是因为网络社区中存在的群体压力造成。任何社会个体在社会生活中都存在具备两面性的个人态度和个人情绪，同时，在网络媒介中形成的网络群体同样存在群体本身所固有的群体态度和群体情绪，在群体活动的过程中，当个体认知与群体认知相矛盾时，个体就会受到来自群体的压力，产生意识上的负担，而难以按照自己的意愿进一步开展行动。

网络组织和个体在虚拟空间中看似在信息传播方面实现了“平等”，但事实上这只能算是一种给予网络主体达到平等的可能，不可触摸的网络信息制造或信息生产全程处于“不设防”的环境中，人人都可能接触信息、修改信息、传播信息，参差不齐的信息内容和信息服务让人们开始无法清晰地分辨出自身的定位，仿佛处于什么都能做而实际上什么都模棱两可的状态中，网络中突出的故事、段子越来越多，但完整的信息却越来越少。通过在网络平台中的信息交换，被传播对象的故事性和真实性之间的界限逐渐模糊，人们在传播过程中依据自身或群体的理解任意添加或更改传播内容，这种做法导致最终形成影响力的传播内容与最初信息源传达的信息存在着内容甚至意义上的差异。信息意义的改变是人们在传播过程中盲目从众行为的一种表现，传播个体对被传播对象并不一定不了解或者不精通，但是在群体性意见的围攻下，个体意见的本身特征无法凸显出来。网民能够在网络环境中吸纳的有用信息呈现出“外强中干”的状态，能够说明立场、值得让人们借鉴和依据的信息长期不足，虚假信息和无用信息屡禁不止，这些复杂情况的存在让运用网络技术手段实现辅助社会治理的目标出现难题。

尽管在技术的支持下，人们都开始尝试建立个人色彩显著的“自媒介”，但是这些初时散落而后集群的个人言论相比于专门的网络新闻机构或者商业网站依然存在缺陷，网络上被释放的话语权让网民开始讲话，逐渐热衷讲话，形成汇集八方言论的集散地局面。传播内容在群体传播过程中暴露出来的局限性不仅表现在对个体意见的覆盖还表现在群体传播的非专业性的主观认知上，以往专业媒体发布的信息内容需要经过专业的信息生产链，从收集到发布的全过程中存在着可以进行判断的明确依据。然而，以网络个人和网络群体为主要使用者的自媒体和社交媒体却缺少能够对信息进行安全把关的准则，信息的流动呈现出自由状态，任何个体和群体都可以对信息进行加工和传播，在一轮又一轮的再传播过程中不断发生变化，与信息源保持一致的概率被大大降低，媒体加工的痕迹越发明显。此外，一般个人用户作为信息源发布信息的能力始终与专业媒体不同，其作为信息源的力量更不能替代传统专业的新闻机构和新闻人，这种差别产生的原因在于媒介公信力及社会责任感的存在。专业新闻媒体自产生时起就肩负着媒体的业务内容和社会职责，而社会大众作为信息传播者的初始意愿则需要一个展示自我的平台，使用目的的区别让社会大众对信息传播的责任意识及影响力度的认知相对缺失，只有在信息传播效果显现时才后知后觉。

网络被视为新的政治参与手段，网络平台的出现为人们提供了新的参政议政的途径，人们欣喜于通过网络政治参与带来的新鲜感，却缺少在参与时应当具备的认知力和判断力。社会大众在网络上参与国家政治、政府管理、社会治理等层面的相关活动时，是以普通社会个体或社会群体的身份进行参与的，并没有因为参与平台的改变而出现基本能力的提升，在此基础上，社会大众的自身认知能力和判断能力在参与过程中还会出现受到现实环境和媒介环境双重影响的痕迹。因此，人们在网络空间采用的参与手段与现实环境中的参与手段具有较高的雷同性，人们在网络平台中延续现实做法，利用平台的传播广泛性优势和互动性强的特征创造传统使用方法的新效果。当然，网络平台的出现也为人们创造出新式参与路径，其中，以网络舆论的形成和运用较为突出，通过这种方式关注社会公共事件并监督政府职能，“倒逼”成为网络舆论联系社会现实管理的表现方式。“追问式围观”成为网民在面对社会问题时采用的主要方式，一个社会热点事件引爆网络时，人们最开始会通过不停地浏览和留言的方式表现出对这一问题的关注和追问状态，随后，在这一事件进入处理程序后便开始围观事态发展。

网络社群原本是新媒体交互性带来的媒介骄傲，即使网络社群的生存空间是互联网，但是依然具备传统组织群体该有的基本属性，这里是社会舆论的聚集区，在表达民意的同时也可能会吞噬掉真正的民意。网络空间中的政治参与在现阶段主要表现为两种形式——网络媒介政务服务功能的创新及社会大众在网络媒介中参政议政。网络社群在社会大众通过网络媒介参政议政时发挥作用，尤其是在涉及公共事件或公共利益时，网络群体的存在成为网络意见的集中表现。环境、经验、意识等方面的差异让人们成为各具特色的独立个体，在网络社群中的个体在接收着群体庇护的同时自然也具备来自群体内部的群体压力，群体压力的存在使得个人对社会孤立的恐惧感并没有因为网络技术的进步而消散，反而衍生出新的表现形式。人们借助网络媒介能够参与的社会活动越来越多，主体意识也越来越强，但是因此而带来的不确定性和非理性行为也呈现出上升的趋势；网络并没有完全往人们预想的方向发展，相反地却让人们在如何进行自我管理上出现漏洞，过多的自由、轻松的游戏、娱乐事项填满网络空间，而真正值得人们关注的问题却被忽视。

二、网络失序问题

英国社会学家安东尼·吉登斯（Giddens）认为，人类按照自己的方式建立起来的新社会并不能给予人们期待中“绝对安全”的生活环境，因为相对于尚未消除的、传统的不确定因素，还出现一种后果更为严重的“人为不确定性”。这些不稳定因素借助技术力量正在以前所未有的方式快速集结，而正是这种不确定性的存在将网民的线上聚集最终演化为现实社会中的群体极化现象。

1. 距离感与信息安全

自古时起人们就认识到秩序的重要性，《孟子》曾记载，“不以规矩，不能成方圆”；这既是古人关于秩序对国家统治的一种早期认识，也是对如今多元中心化的社会治理模式的一种提示。时至今日，新事物的不断涌现让秩序的完善成为一个挑战，网络技术塑造出的虚拟世界与人们的关系日益密切的同时，却也因为互联网匿名制和自媒体的出现而面临着网络失序的风险效应。近年来，网络实名制成为人们讨论的热点话题之一，因为处于“隐身”状态的网民在网络世界活动时出现一些难以控制的网络失序问题，并将这些问题的发生源头直观地归结于网络匿名制的存在。匿名制的互联网让屏幕成为一个面具，而网络成为一个舞台，网民倾向于在网络空间和现实世界展现出不同的面貌，无法分辨究竟哪一个环境中的自己才是真实的，又或者两个世界中的自己其实只是自身的不同展现。网络媒介的出现一度被认为是创造人与人之间关系的连接器，不仅能够消解人与人之间的现实距离，还给予人们建立新关系的新空间，从而实现陌生人之间关系多元化的可能性，关系的建立让信息传播的粘连度增加，从而实现超越现实地理和心理距离的社会脉络图。

技术为每一位进入网络世界的单位个体披上“隐身衣”，网民们油然而生的无责心理让他们开始奢望在虚拟世界中放肆享受却不必为此而付出代价，观察、了解成为人们在自由环境中的常态活动，并且这种行为由于被观察对象的自我展示变得更加容易实现，却也为窥探心理的形成埋下隐患。人们在进入网络空间之前是以客观存在的现实体在社会中活动，而进入网络空间之后则是开始以一种“形象符号”的形式存在，可以任意设定身份信息塑造出与现实截然相反的网络形象，网络空间的这种操作让人们能够在脱离现实的情况下进行信息交流和建立网络关系，打造出与现实环境完全脱钩的“网络社会”。网络的出现让信息的安全储备成为一个难题。一方面，网络技术消磨了人们在现实社会中因为时间、空间等物理因素带来的实际距离，让现实距离在网络环境中分解成社会距离、交往距离、观念距离等多种样态，人们通过网络在不同的领域中建立起联系从而降低现实距离带来的陌生感；另一方面，自媒体话语自由的开放冲击着主流媒体的话语权威，信息的流动变得越加恣意的同时流动的信息也变得越加模糊，伴随着媒体专业职能的“失守”，人们使用选择的倾向逐渐出现偏离原定路径的迹象。

美国法学家劳伦斯·弗里德曼认为生产力的提升让商业活动突破地缘限制，人们的社会生活范围不断拓展，呈现出常态化特征，而这种变化的出现则让“我们的生活掌握在那些制造和运转机器的陌生人手中”，最终，我们的社会成为看似联系紧密的“陌生人社会”。从网络关系的形成来看，网络媒介打造出的“网络社会”则是劳伦斯笔下看似熟悉的“陌生人社会”，网络平台营造出的虚拟社区给予人们在网络空间中集结和活动的新区域，但是，网络媒介却没有解决社会关系建立去陌生化的本身问题。媒介首先将人们习以为常的信息转化为可以用来交易的商品，互联网的出现让信息流通的方式由单一转变为双向甚至多向，陌生人之间相互接触和交往的可能性被大大提升，如此看来，“陌生人社会”的存在并没有让个体彼此之间的距离感增强，而是将个体的社交范围和活动空间扩大化，人们从以往的“熟人社会”过渡到熟人化的“陌生人社会”。现实空间的未知距离并没有影响人们成为网民在网络世界中建立联系和相互沟通，在网络政治参与中这种关系的表现最为明显，不相识的个体共同作为社会主体存在并参与其中，其共同作用于同一事物或问题而出现合力效果。

农业社会中传统的熟人社会模式被骤然打破，直接导致社会分化的加剧，以往在熟人社会中无法流行的观念和被限定的行为在陌生人社会中随着社会规则的重置而被给予成长空间。在社会治理过程中，社会转型无疑是治理方式进行调整的重要依据，社会背景和网络环境的双重变化让社会主体对信息的存在更加重视，因此信息安全问题不仅成为社会大众个人信息管理的关键，也是社会治理及国家治理层面的重要环节。网络媒介在社会转型过程中成为加持信息安全的“双刃剑”。一方面，数据库的成立将分散的社会信息集中在一起，系统化操作为数据的运行和分享提供路径；另一方面，数据的集中让社会资源的转化和分享拥有更为便利的条件。然而，网络媒介将资源转为数据形式存放的方式也存在信息安全隐患，数据的集中规划让数据的获取方式更容易，一旦受到来自不明对象的攻击时庞大数据的保护问题则成为决定信息安全甚至是社会安全的关键。尤其是在“陌生人社会”的背景下，网络已经成为人们日常参与社会治理的重要途径，服务工作、政府决策等环节在网络平台展开，新媒体在社会治理中的重要性也对信息流通的质量和安全性能提出更高的要求。

在多元主体存在的社会治理过程中，人们在虚拟世界中形成的认知习惯和参与心态被移植到现实社会中来，网络技术塑造出的自由意识冲击着现实规范衍生出新的社会问题；其中网络信息安全问题首当其冲地出现在国家政府和社会公众面前，无论是面对国家层面的国家安全还是个人层面的隐私权。在媒介现实和客观现实相互重叠的现状下，人们首先作为社会人进入网络空间中，随后人们在网络空间中同时以多种“被塑造的身份”活动，并且习惯性地将网络身份带入现实环境中，在回归现实社会时以网络思维解决现实问题。人们在上网浏览信息、收看节目甚至通信交流的过程中，认为自身的网络行为属于个人行为，即使是交流也只限于人际传播而不存在所谓的安全隐患，但是网络平台中的任何信息都是以数据的形式进行流通，而数据则是能够被窃取和掌握的存在。甚至在网络平台中，也存在着人们可能在不知情的情况下威胁到他人信息安全的情况，由于相关网络管制条例和技术手段缺失，人们意识不到也无法被限制不当行为的发生，这些在个人信息及数据系统方面管理手段和管理意识的不足让信息的安全性保障受到越来越多的关注。

2. 非理性与行为失范

早在1892年，涂尔干在《社会分工论》一书中首次提出“失范”(Anomie)的概念，他从个人犯罪和社会法律关系的角度出发，认为犯罪在封闭的、原始的机械社会中是正常现象，而在进步的、优越的有机社会中，法律成为调节社会的主要方式，如果法律调节不当就会出现混乱的、不可控的社会状态。随后，在其著作《自杀论》一书中，他又通过实证研究发现自杀行为与社会秩序之间的关系，认为被破坏的社会现实让人们更容易失去对自身情绪和自身行为的控制，过激行为源于整个社会处于失范状态的影响。在此基础上，默顿在1938年发表《社会结构与失范》一文，他从结构功能主义的视角出发重新定义“失范”的概念，认为消极的社会结构更多地向社会个体或群体施加社会压力，从而更容易诱发社会个体或群体的越轨行为产生①。社会失范行为的再次提出主要有两个现实原因，即网络媒介的社会属性和政治功能的延展，以及社会结构和社会环境的改革创新。媒介技术和社会环境的双重变化让人们的社会活动和社会情绪都处于不断变化的不稳定状态，对社会大众的认知方式的解剖和行为方式的预判成为不可忽视的一环。

自古以来，人们都将社会秩序视为一个重要问题，从未停止过对它的探究与思考。春秋战国时期就出现老子的“小国寡民”、孔子的“仁爱”及墨子的“兼爱”“非攻”等相关设想。伴随着秦朝的建立，封建大一统式的国家格局逐渐形成；汉武帝时期为维护封建中央集权的统治模式采用了董仲舒“罢黜百家，独尊儒术”的建议，从此进入长达千年的封建专制文化时代。关于社会秩序问题的研究从百家争鸣的多样性转为为维护封建统治而效力的政治工具，“如何维护封建统治”成为封建社会秩序问题的讨论核心。自然经济是封建社会的根本经济制度，自给自足的生产模式没能形成具备经济功能的市场，货币和物品之间的交换行为没有刺激经济的大规模生产，劳动力、劳动工具和劳动关系的缺失局限了经济条件的提升，更无法谈及对经济和技术之间关系的考量，对社会秩序的研究也只是停留在了思想研究层面。然而，回顾以往历史遗留下来的认知问题让现阶段对网络媒介对社会治理影响的判断同样存在着难点，尤其是在如何处理网络媒介作为先进技术对社会秩序甚至社会结构的影响。

无独有偶，对西方国家而言，在相继经历过文艺复兴和启蒙运动之后，摆脱了神学束缚的欧洲再次成为人类文明思想的迸发地，近代以后的哲学思想家更倾向于从个人与社会关系的角度来解释社会秩序问题，通过不间断的思想冲击和观点讨论，人们意识到个体的意识和行为会受到社会

① ［美］罗伯特·K. 默顿. 社会理论和社会结构［M］. 唐少杰，齐心，译. 北京：译林出版社，2008：224－226.

秩序的根本影响。康德认为“秩序即常规性的整合”①。哈耶克认为：“秩序是事物的一种状态；在这种状态下，纷繁众多的各种因素彼此相互联系，使我们可以从我们所熟悉的部分空间或时间来得出对其余部分的正确期望，或者至少使我们有可能得出正确的期望。”② 此后，马克思、恩格斯指出，国家虽然在秩序的要求中产生，却是一种超越社会的暴力机器，有利于维护经济基础和统治阶级的统治秩序。传统社会因素对社会秩序的影响力依然坚固，而媒介作为新生力量对国家甚至世界秩序的再建构已然产生巨大的推动作用，最重要的是媒介技术正在对其他传统因素产生前所未有的影响，通过改变传统因素的发展形式来改变社会秩序的建立。

以法国哲学家埃德加·莫兰为代表的复杂性科学学者认为，社会是一个由人类个体构成、开放耗散、具有适应性和自组织能力的复杂适应性系统③，社会的变迁和发展也是一项复杂而系统的工程。普遍的规范性约束力弱化必然会打破社会大众适应的生态环境。移动媒体加深了人们对网络空间自由度把控的任意性，更多权威话语权被人们用大容量、碎时间的信息冲击而分解，人们不断地重复着分离、复制，再分离、再复制的机械式动作，思维意识随着行为的碎片化而难以保持完整性控制与判断。网络的空间话语权在开始的同时就走向了零散的分布态势，单纯依靠化解、控制

---

① ［德］康德．宇宙发展史［M］．上海：上海人民出版社，1972：13. 转引自宫志刚．社会转型与秩序重建［M］．北京：中国人民公安大学出版社，2004：27.

② ［英］安德鲁·甘布尔．自由的铁笼——哈耶克传［M］．南京：江苏人民出版社，2002：48. 转引自宫志刚．社会转型与秩序重建［M］．北京：中国人民公安大学出版社，2004：29.

③ 复杂适应系统（Complex Adaptive Systems，简称 CAS），也称为复杂性科学（Complexity Science），是 20 世纪末兴起的前沿科学阵地，至今尚无统一的公认定义。该理论的核心思想是适应性造就复杂性，核心概念为适应性主体或行文主体，复杂适应系统理论的主要特点是：主体是主动的、活的实体；个体与环境相互影响、相互作用，是系统演变和进化的主要动力；把宏观和微观有机地联系起来；引进随机因素的作用，使它具有更强的描述和表达能力。

的治理手段已经无法实现因为失序而带来的现实性问题，网络空间与现实空间的交互式存在对人们提出了更高的治理要求。人们作为网络空间中的活动主体，一方面在通过技术手段搭建关系脉络从而创建网络空间；另一方面则是通过网络空间的生成来影响甚至改造现实世界的生态环境和秩序格局，这种“牵一发而动全身”的做法让正负效应的平衡成为把握媒介改变世界的“按钮”。

现代社会里，电视和其他媒介是示范的一个重要来源。无论这种描述与现实的关系如何，都可能成为人们学到的有关群体成员与其行为的社会期待。① 新媒体作为一种全新的媒介，它不仅是一种以网络为基础的媒介载体，而是改变人们认知途径和生活方式的社会介质，网民在网络环境中除了接收信息、交流信息和制造信息以外，还会在网络环境中进行学习、互动和自我呈现，复刻在社会现实中已有的社会性行为。同时，网络世界给予的地位、体验被网民当作评价现实社会规范的标准，他们依据网络规则在现实社会中活动，原来的社会公共秩序被无法在现实生活中得到满足的人们默认为是一种围栏式的存在，进而社会公众的情绪、意识、行为都更多地呈现出一种负面效应，最终催生出类似于网络暴力、群体极化等网络失序问题的出现。

一般来说，个人或群体在脱离社会伦理规范的情况下会表现出失范行为，根据表现形式的不同可以将这些带有破坏性的行为简单地划分为四类，包括任意的无序行为、非自然的越轨行为、频繁性的犯罪行为和常态化的病态行为。“尽管社会失范蕴含着人们的行为或价值对社会规范的违背与偏离，但不能因此将所有的失范都视为消极的、负效应的。”② 由于包括社会制度、社会模式在内的方方面面都会受到因新旧事物交替而带来的冲击，容易产生“旧物难续，新物难理”的衔接缝隙，处于缝隙中的社会

---

① 卜卫．大众传媒与儿童性别角色的社会化［J］．青年研究，1997（2）：26－33.
② 华苗．社会失范研究述评［J］．宜宾学院学报，2018（9）：92－100.

主体在接触和认知的过程当中，因不能恰当地理解和包容而出现思维混乱的现象，最终导致社会大众的行为处于失控状态。20 世纪末，社会转型和互联网普及带来冲击，网络技术因素带来全民参与的新媒体平台，虚拟的网络空间与现实空间带给社会大众虚实交错的挣脱感，因此制造出新的失范现象。

3. 新媒体与极化风险

“群体极化”的概念最早见于美国学者凯斯·桑斯坦的《网络共和国——网络社会中的民主问题》，主要是指群体在进行决策时，往往会比个人决策更倾向于冒险或者保守，出现某一个极端倾斜而最终背离最佳决策的现象；这种现象在网络时代尤为明显，最典型的莫过于舆论。舆论原本是体现社会大部分成员意志的民主象征，然而网络平台中的舆论因为不可见性的群体参与而成为容易被利用、有针对性的活动工具，由于网络传播的匿名性特征让以往沉默的大多数获得话语权的充分释放，并在“从众心理”的影响下缺少理性判断而盲目跟随，导致网络空间中的声音成为虚实难辨的浪潮。而正是这种模糊不清的传播状态让网络中的声音在集合的状态下反作用于社会现实，人们按照群体中的绝对性意见进行集体活动，选择性地忽视个体在现实中的社会身份。以网络媒介为代表的新媒体平台集合是网络社群的“集合地”，人们主要是在社交媒体平台中相互集结，通过意见交流而得出的群体“共识”在成员中得到高度认可，受到社群成员的绝对信任和推崇，而在群体成员中推举出来的“意见领袖”同样收获来自社群成员的高度信任和绝对服从，支撑网络社群存在和不断成长的基础就是社群成员的感性共识。

戈夫曼认为，在社会的现实生活中，人与人之间的相互行为在某种程度上来说就是一种表演而已，每一个人在特定的情境中都扮演着不同的角色并向着角色设定而努力，最终被记住的都是各自表演出的角色而不是演员本身，这是对人们在现实社会人际交往中的真实写照，也是对网络时代消磨个体特征的一种控诉。无论哪一种媒介形态，归根结底都无法脱离媒介介质的本质属性，表演不是新媒体带来的新事物，相反，新媒体成为人们进行表演的新舞台，网络空间的出现让自由的演绎上升到任意发挥的新阶段，而恰恰是这种被给予的过度自由让社会行为应有的底线产生动摇。平衡一直是现实社会所期盼的理想状态，网络的出现让人们以为更具有开放性的使用空间能够更好地诠释以往没有达到的生存状态；然而，人们惯于"表演"的交往本质并没有随着网络的兴起而产生本质的变化，相反地呈现出愈演愈烈的态势。这种"表演"技能也被人们带入网络活动中不断进化，一旦在网络空间中出现意见相左的情况，人们出于服从群体意识或自我保护的意愿而开始在网络空间中脸谱化作业，网络空间中的信息真实性和意见真实性同样因为受到其他因素的牵绊而受到质疑。

恰如迈克尔·罗斯金所说的那样——"权威所强调的是一种社会心理过程"，人们被新媒体给予的便利和自由所充斥，渐渐地将媒介介质奉为一种权威的存在，新媒体在这个过程中开始掌握主动权，人们意识到不能被媒介所掌控却又挣扎于媒介构建的环境中难以自拔。而这种心理过程表现在虚拟空间中，则成为一个既能快速汇集又能快速消散的存在，网络平台属于陌生人社会，而陌生人之间的社会关系在互联网平台中却存在脆弱的一面，毕竟网络技术可以让人们在完全陌生的情况下相互集结，却不能保证这种关系的强弱程度，以及关系节点的稳定性和牢固性。每个人都在不断地进出网络空间，并同时接受着现实环境的制约和保护，人们在认识到网络媒介的力量后开始倾向于网络空间，试图从中把握到统治权力，这种盲目的认知将人们推进意图通过互联网达到个人私欲或实现某一群体利益的掌控中。目前，在全球范围内已经发生了数起利用网络媒介社交平台而引发的社会动乱，无论是西亚、北非地区的"阿拉伯之春"还是法国的"黄马甲运动"，其背后都与网络媒介搭建的社交关系圈有着密不可分的关系，然而这种威胁社会稳定和国家安全的信息传播早已超出人们的理性传播行为范畴，制造出感性甚至是任性的群体极化行为。

碎片化表达让人们迷失在网络空间中产生出无法触摸全面的弱势认知，“以点带面”成为人们理解网络信息的常规化操作，日常性的变化让人们开始失去独立思考的能力，对网络中意见、观点的依赖性则加剧了这种问题的严重性，便利的搜索功能和查询作用在方便人们生活的同时，毫无疑问地将人们变成“机器仆人”和“算法奴隶”。人们开始习惯将接触到的“某一点”顺理成章地看作某一个甚至是某一类呈现出来的全貌，将自身认识事物的范围窄化，浅尝辄止的阅读习惯更是在无形中扩展了网民们的感性认知空间，导致对客观的追求能力、学习能力正在逐渐弱化，使得任何经过网络扩散的信息掺杂情绪影响的概率被提高，最终引发出媒介化时代特有的蝴蝶效应，人们起初失去的是对问题的接触能力和理解能力，随之而来的则可能是全人类解决问题的能力。

新媒体平台中的群体无意识行为更是借助网络社群的存在而更加多发，尤其是在网络言语暴力事件中的表现相当突出，人们发出恶劣评价的依据不是新闻事实本身，而是网络平台中其他成员的留言，从而根据其他人的做法和发言进行跟从或是保持沉默。涉及的社会个体或群体比以往任何时期都倾向于将自己的利益与他人或者群体进行比较，造成心态、情感、心理上的不平衡、不稳定的情况出现。在这种社会压力和社会情绪出现的时候，人们更倾向于在网络平台中寻找与自身相同或者相似的人进行交流，并带有目的性地加入分享相同信息、具有相似心态的群体中去，在社群中或释放、或交流，从而得到精神上的慰藉。一直以来，虽然极化行为早已存在于人们的社会生活中，但并不是所有的群体聚集都会发生群体极化现象。新媒体的出现为人们寻找在兴趣、情感、意见进行交流共享平台方面也同样具备其他介质无法企及的优点。又或者网络空间给予人们多元化、个性化的发展自由，如果多元价值观念体系之间发生超出平衡状态的矛盾问题，同样可能出现使社会个体或组织的社会行为失去价值依托与标准的现象，造成人的自我与其所承担的社会角色剥离的状态，人们只能意识到自身是群体成员而不能判断个体的社会意义，表现出迷信群体具有绝对力量的状态，使得自我存在与社会存在相分离，最终让群体行动走向极端。

参考文献

一、国外文献

[1] [美] 尼古拉·尼葛洛庞帝. 数字化生存 [M]. 胡泳, 等译, 海口: 海南出版社, 1997.

[2] [加] 马歇尔·麦克卢汉. 理解媒介——论人的延伸 [M]. 何道宽, 译. 北京: 商务印书馆, 2000.

[3] [英] 理查德·豪厄尔斯. 视觉文化 [M]. 葛红兵, 等译. 桂林: 广西师范大学出版社, 2007.

[4] [美] 尼尔·波兹曼. 娱乐至死 [M]. 章艳, 译. 桂林: 广西师范大学出版社, 2011.

[5] [美] 理查德.C. 博克斯. 公民治理: 引领21世纪的美国社区 [M]. 北京: 中国人民大学出版社, 2013.

[6] [美] 李侃如. 治理中国——从革命到改革 [M]. 胡国成, 赵梅, 译. 北京: 中国社会科学出版社, 2010.

[7] [美] 迈克尔·罗斯金, 等. 政治科学 [M]. 林震, 等译. 北京: 华夏出版社, 2001.

[8] [美] 约翰·费斯克. 关键概念: 传播与文化研究词典 [M]. 李彬, 译. 北京: 新华出版社, 2004.

[9] [美] 威尔伯·施拉姆, 威廉·波特. 传播学概论 [M]. 北京:

中国人民大学出版社，2010.

［10］［美］曼纽尔·卡斯特尔．网络社会的崛起［M］．夏铸九，译．北京：社会科学文献出版社，2001.

［11］［德］尤尔根·哈贝马斯．合法化危机［M］．刘北成，曹卫东，译．上海：上海人民出版社，2009.

［12］［美］马克斯韦尔·麦库姆斯．议程设置大众媒介与舆论［M］．北京：北京大学出版社，2008.

［13］［美］沃尔特·李普曼．舆论学［M］．北京：华夏出版社，1989.

［14］［法］埃米尔·迪尔凯姆．社会分工论［M］．渠东，译．北京：生活·读书·新知三联书店，2000.

［15］［美］阿尔文·托夫勒、海蒂·托夫勒．创造一个新的文明：第三次浪潮的政治［M］．上海：三联出版社，1996.

［16］［英］安东尼·吉登斯，等．公民身份与社会阶级［M］．郭忠华，刘训练，编．南京：江苏人民出版社，2008.

［17］［美］托马斯·鲍德温，等．大汇流：整合媒介、信息与传播［M］．龙耘，等译．北京：华夏出版社，2000.

［18］［美］约翰·帕夫利克．新媒体技术［M］．周勇，等译．北京：清华大学出版社，2005.

［19］［英］维克托·迈尔·舍恩伯格．大数据时代：生活、工作与思维的大变革［M］．周涛，译．杭州：浙江人民出版社，2012.

［20］［美］戴维·温伯格．知识的边界［M］．胡泳，高美，译．太原：山西人民出版社，2014.

［21］［日］户根勤．网络是怎样连接的［M］．周自恒，译．北京：人民邮电出版社，2017.

［22］［美］克莱·舍基．未来是湿的：无组织的组织力量［M］．胡泳，沈满琳，译．北京：中国人民大学出版社，2009.

［23］［美］汤姆·斯丹迪奇．从莎草纸到互联网：社交媒体 2000 年

[M]. 林华，译. 北京：中信出版社，2015.

[24] [美] 詹姆斯·卡伦. 媒体与权利 [M]. 史安斌，董关鹏，译. 北京：清华大学出版社，2006.

[25] [荷] 简·梵·迪克. 网络社会——新媒体的社会层面（第二版）[M]. 蔡静，译. 北京：清华大学出版社，2014.

[26] [美] 哈罗德·D. 拉斯维尔. 政治学——谁得到什么？何时和如何得到？[M]. 杨昌裕，译. 北京：商务印书馆，1992.

[27] [美] 威尔伯·施拉姆，威廉·波特. 传播学概论（第二版）[M]. 何道宽，译. 北京：中国人民大学出版社，2010.

[28] [美] 亚伯拉罕·马斯洛. 动机与人格 [M]. 许金声，译. 北京：中国人民大学出版社，2012.

[29] [法] 古斯塔夫·勒庞. 乌合之众——大众心理研究 [M]. 冯克利，译. 北京：中央编译出版社，2011.

二、国内文献

[30] 陈力丹. 舆论学——舆论导向研究 [M]. 北京：中国广播电视出版社，1999.

[31] 高兆明. 社会失范论 [M]. 南京：江苏人民出版社，2000.

[32] 俞可平. 治理与善治 [M]. 北京：社会科学文献出版社，2000.

[33] 段伟文. 网络空间的伦理反思 [M]. 南京：江苏人民出版社，2002.

[34] 石磊. 新媒体概论 [M]. 北京：中国传媒大学出版社，2009.

[35] 邓正来. 哈耶克社会理论 [M]. 上海：复旦大学出版社，2009.

[36] 陆雄文. 管理学大辞典 [M]. 上海：上海辞书出版社，2013.

[37] 胡泳. 众声喧哗——网络时代的个人表达与公共讨论 [M]. 桂

林：广西师范大学出版社，2008.

[38] 刘海龙．大众传播理论：范式与流派 [M]．北京：中国人民大学出版社，2008.

[39] 王诗宗．治理理论及其中国适用性 [M]．杭州：浙江大学出版社，2009.

[40] 刘晓红，卜卫．大众传播心理研究 [M]．北京：中国广播电视出版社，2001.

[41] 汪凯．转型中国：媒体、民意与公共政策 [M]．上海：复旦大学出版社，2005.

[42] 何显明，等．大转型：开放社会秩序的生成逻辑 [M]．上海：学林出版社，2012.

[43] 张康之．公共行政的行动主义 [M]．南京：江苏人民出版社，2014.

[44] 张真继，等．网络社会生态学 [M]．北京：电子工业出版社，2008.

[45] 周红云．社会治理 [M]．北京：中央编译出版社，2015.

[46] 朱力．变迁之痛——转型期的社会失范研究 [M]．北京：社会科学文献出版社，2006.

[47] 宫志刚．社会转型与秩序重建 [M]．北京：中国人民公安大学出版社，2004.

[48] 张锐昕．电子政府概论 [M]．北京：中国人民大学出版社，2004.

[49] 刘文富．网络政治——网络社会与国家治理 [M]．北京：商务印书馆，2002.

[50] 俞可平，等．中国公民社会的兴起与社会治理的变迁 [M]．北京：社会科学文献出版社，2002.

[51] 李斌．网络参政 [M]．北京：中国社会科学出版社，2009.

[52] 段鹏．传播效果研究：起源、发展与应用［M］．北京：中国传媒大学出版社，2008.

[53] 郭玉锦，王欢．网络社会学［M］．北京：中国人民大学出版社，2010.

[54] 郭忠华．公民身份的核心问题［M］．北京：中央编译出版社，2016.

[55] 徐贲．统治与教育：从国民到公民［M］．北京：中央编译出版社，2016.

[56] 费孝通．乡土中国［M］．北京：中华书局，2013.

[57] 吴军．浪潮之巅（第三版）［M］．北京：人民邮电出版社，2016.

[58] 童兵，陈绚．新闻传播学大辞典［M］．北京：中国大百科全书出版社，2014.

[59] 马为公，罗青．新媒体传播［M］．北京：中国传媒大学出版社，2011.

[60] 党生翠．网络舆论蝴蝶效应研究［M］．北京：中国人民大学出版社，2013.

[61] 谢新洲．舆论引擎［M］．北京：北京大学出版社，2013.

[62] 崔蕴芳．网络舆论形成机制研究［M］．北京：中国传媒大学出版社，2012.

[63] 孙永兴．新媒体事件：机制、功能与法律规制［M］．北京：社会科学文献出版社，2013.

[64] 师曾志，胡泳，等．新媒介赋权及意义互联网的兴起［M］．北京：社会科学文献出版社，2014.

[65] 李征坤．互联网＋政务服务：开启智慧型政府新时代［M］．北京：中国铁道出版社，2017.

[66] 胡泳．网络政治：当代中国社会与传媒的行动选择［M］．北京：国家行政学院出版社，2014.

[67] 彭兰. 社会化媒体 [M]. 北京：中国人民大学出版社，2015.

[68] 马凌. 新闻传媒在风险社会中的功能定位 [J]. 新闻与传播研究，2007 (4).

[69] 俞可平. 治理和善治引论 [J]. 马克思主义与现实，1999 (10)：37－41.

[70] 俞可平. 治理和善治：一种新的政治分析框架 [J]. 南京社会科学，2001 (10)：40－44.

[71] 项光勤. 戈夫曼的角色距离理论及其意义 [J]. 学海，1998 (3)：64－67.

[72] 陈阳. 框架分析：一个亟待澄清的理论概念 [J]. 国际新闻界，2007 (4)：19－23.

[73] 景东，苏宝华. 新媒体定义新论 [J]. 新闻界，2008 (3)：57－59.

[74] 丁柏铨. 媒介融合：概念、动因及利弊 [J]. 南京社会科学，2011 (11)：92－99.

[75] 丁未. 新媒体与赋权：一种实践性的社会研究 [J]. 国际新闻界，2009 (10)：76－81.

[76] 张亚勇. 试论网络政治参与的无序性及其规范 [J]. 求实，2007 (12)：71－73.

[77] 娄成武，刘力锐. 论网络政治动员：一种非对称态势 [J]. 政治学研究，2010 (2)：74－86.

[78] 田作高. 国外网络政治研究现状 [J]. 上海社会科学院学术季刊，2002 (1)：67－73.

[79] 张爱军，秦小琪. 网络政治焦虑与舆论传播失序及其矫治 [J]. 行政论坛，2018 (5)：19－24.

[80] 全燕. 西方社交网络的政治极化与算法传播的角色反思 [J]. 社会科学，2018 (10)：183－191.

[81] 王明生，杨涛. 改革开放以来我国政治参与研究的回顾与展望

[J]. 清华大学学报（哲学社会科学版），2011（6）：5-21+156.

[82] 陈潭，罗晓俊. 中国网络政治研究：进程与争鸣 [J]. 政治学研究，2011（4）：85-100.

[83] 刘海龙. 沉默的螺旋是否会在互联网上消失 [J]. 国际新闻界，2001（5）：62-67.

[84] 郭小安. 舆论的寡头化铁律：“沉默的螺旋”理论适用边界的再思考 [J]. 国际新闻界，2015（5）：51-65.

[85] 郭庆光. 大众传播、信息环境与社会控制——从“沉默的螺旋”假说谈起 [J]. 新闻与传播研究，1995（3）：33-38.

[86] 陈力丹. 沉默的螺旋理论简说 [J]. 当代传播，1999（4）：32-33.

[87] 夏玉珍. 转型期中国社会失范与控制 [J]. 华中师范大学学报（人文社会科学版），2002（5）：28-32.

[88] 朱力. 关于社会失范机制的探讨 [J]. 社会科学研究，2006（5）：111-118.

[89] 巫细波，杨再高. 智慧城市理念与未来城市发展 [J]. 城市发展研究，2010（11）：56-60+40.

[90] 王静远，等. 以数据为中心的智慧城市研究综述 [J]. 计算机研究与发展，2014（2）：239-259.

[91] 张锐昕. 电子政府概念的演进：从虚拟政府到智慧政府 [J]. 上海行政学院学报，2016（6）：4-13.

[92] 胡税根，王汇宇. 智慧政府治理的概念、性质与功能分析 [J]. 厦门大学学报（哲学社会科学版），2017（3）：99-106.

[93] 黄楚新，王丹. “互联网+”意味着什么——对“互联网+”的深层认识 [J]. 新闻与写作，2015（5）：5-9.

[94] 刘金婷. 互联网+内涵浅议 [J]. 中国科技术语，2015（3）：61-65.

[95] 周鸿铎. 我理解的"互联网+"——"互联网+"是一种融合[J]. 现代传播(中国传媒大学学报), 2015 (8): 114-121.

[96] 邓正来. 社会秩序规则二元观——哈耶克法律理论的研究[J]. 北大法律评论, 1999 (2): 395-445.

[97] 张咏华. 一种独辟蹊径的大众传播效果理论——媒介系统依赖论评述[J]. 新闻大学, 1997 (1): 27-31.

[98] 龚新琼. 关系·冲突·整合——理解媒介依赖理论的三个维度[J]. 当代传播, 2011 (6): 28-30.

[99] 冯必扬. 人情社会与契约社会——基于社会交换理论的视角[J]. 社会科学, 2011 (9): 67-75.

附录一　中共十八大以来关于社会治理的相关内容

中共十八大以来关于社会治理的相关内容

会议时间	会议名称	相关内容	关键词
2012年11月	中国共产党第十八次全国代表大会	大会提出“全面落实经济建设、政治建设、文化建设、社会建设、生态文明建设五位一体总体布局”，并强调“在改善民生和创新管理中加强社会建设”	创新管理
2013年11月	中国共产党十八届三中全会	全会提出“加快形成科学有效的社会治理体制，确保社会既充满活力又和谐有序”	社会治理体制
2014年10月	中国共产党十八届四中全会	全会提出“坚持系统治理、依法治理、综合治理、源头治理，提高社会治理法治化水平”	社会治理法治化
2015年10月	中国共产党十八届五中全会	全会提出“加强和创新社会治理，建设平安中国，完善党委领导、政府主导、社会协同、公众参与、法治保障的社会治理体制，推进社会治理精细化，构建全民共建共享的社会治理格局”	社会治理精细化
2017年10月	中国共产党第十九次全国代表大会	大会提出“提高保障和改善民生水平，加强和创新社会治理。加强社会治理制度建设，完善党委领导、政府负责、社会协同、公众参与、法治保障的社会体制，提高社会治理社会化、法治化、智能化、专业化水平，打造共建共治共享的社会治理格局”	社会治理社会化、法治化、智能化、专业化

续表

中共十八大以来关于社会治理的相关内容			
会议时间	会议名称	相关内容	关键词
2018 年 2 月	中国共产党十九届三中全会	全会提出“构建系统完备、科学规范、运行高效的党和国家机构职能体系，形成总揽全局、协调各方的党的领导体系，职责明确、依法行政的政府治理体系，中国特色、世界一流的武装力量体系，联系广泛、服务群众的群团工作体系”。强调“全面提高国家治理能力和治理水平”	治理体系、国家治理能力、治理水平

注：表格内容根据相关会议公报，人民网、新华网相关网评、新闻报道整理而成。

附录二　“智慧政府”相关理念的发展流变

“智慧政府”相关理念的发展流变

出现时间	国家	计划名称	涉及领域
2004 年	韩国	“u – Korea”	电子信息产业
2006 年	新加坡	“智慧国家 2015”	民生、企业、社会
2009 年	欧盟	“数字化议程”	城市
2009 年	日本	“i – Japan 战略 2015”	社会
2011 年	美国	智慧政府建设框架 (Smart Government Framework)	政府
2012 年	韩国	智慧政府实施计划 (Smart Government Implementation Plan)	政府
2013 年	迪拜	智慧政府部门 (Dubai Smart Government Department)	政府
2014 年	新加坡	“资讯媒体总体规划 2025” (Infocomm Media Masterplan 2025)	政府
2016 年	中国	新型智慧城市	城市

注：表格内容根据多篇与“智慧城市”“智慧政府”“智慧国家”等主题相关的二手文献资料整理而成。

附录三　公民网络政治参与方式总结

公民网络政治参与方式总结

<table>
<tr><th>名称</th><th colspan="2">分级</th><th>补充说明</th></tr>
<tr><td rowspan="5">美国学者罗萨·博奇</td><td>第一层级</td><td>获取信息（网址、办公公告等）</td><td rowspan="5">该层级划分的方法发现了不同层级的政府和人口规模不同的机构所采用的公民参与方式不同，然而对于何种方式适用何种层级或规模的机构没有给出结论</td></tr>
<tr><td>第二层级</td><td>实现交流（收发电子邮件、信息等）</td></tr>
<tr><td>第三层级</td><td>获取咨询服务（通过调查、民意测验、公民复决、政治投票、政治请愿等形式）</td></tr>
<tr><td>第四层级</td><td>提供协商场所（公共论坛、博客等）</td></tr>
<tr><td>第五层级</td><td>绝对充分、直接的公民政治参与</td></tr>
<tr><td rowspan="3">国内学者</td><td>第一类</td><td>按照参与目的不同，将其分为参与重要事项讨论、监督政府部门的运作情况、向政府表达利益要求、表达政治情感四种类型</td><td rowspan="3">此外，还有学者划分为直接参与和间接参与、回应型参与和主动型参与、实名参与和匿名参与、理性参与和非理性参与、网络群体参与和网络个体参与等类型</td></tr>
<tr><td>第二类</td><td>按照参与功能的不同，将其分为网络选举、网络信访、网络听证、网络舆论、网络监督等</td></tr>
<tr><td>第三类</td><td>按照参与载体的不同，将其分为公共论坛、博客、即时通信工具、社交网站、电子邮件、微博、网络签名、搜索引擎、网站九种类型</td></tr>
</table>

注：根据孙萍、黄春莹《国内外网络政治参与研究述评》（《中州学刊》2013 年第 10 期第 16－20 页）中的相关内容整理而成。其中，美国学者罗萨·博奇部分内容援引自 Rosa Borge，Clelia Colombo，Yanina Welp. Online and Offline Participation at the Local Level. Information［*Communication and Society*，2009（12）：899—928］；国内学者部分内容援引自陈毓：《网络参政》（《中国国情国力》2000 年第 7 期）和曾凡斌：《论网络政治参与的九种范式》（《中州学刊》2013 年第 3 期）。

附录四　十八大以来我国主要电子政务政策法规概要

十八大以来我国主要电子政务政策法规概要		
发布年份	政策法规名称	关键词
2013 年	工业和信息化部信息化推进司关于印发《基于云计算的电子政务公共平台顶层设计指南》的函	云计算、电子政务
	关于进一步加强政务部门信息共享建设管理的指导意见	信息共享
	国务院办公厅关于进一步加强政府信息公开回应社会关切提升政府公信力的意见	信息公开
2014 年	关于加强党政机关网站安全管理的通知	网站安全
	国务院办公厅关于加强和规范政府信息公开情况统计报送工作的通知	信息公开
	国务院办公厅关于加强政府网站信息内容建设的意见	网站信息
	关于加强党政部门云计算服务网络安全管理的意见	网络安全
	国务院办公厅关于促进电子政务协调发展的指导意见	电子政务
2015 年	中华人民共和国电子签名法	电子签名
	关于开展国家电子政务工程项目绩效评价工作的意见	电子政务
	国务院办公厅关于运用大数据加强对市场主体服务和监管的若干意见	大数据
	国务院关于积极推进“互联网＋”行动的指导意见	“互联网＋”
	国务院关于印发促进大数据发展行动纲要的通知	大数据

续表

十八大以来我国主要电子政务政策法规概要		
发布年份	政策法规名称	关键词
2016年	中共中央办公厅、国务院办公厅印发《关于全面推进政务公开工作的意见》	政务公开
	国务院办公厅关于转发国家发展改革委等部门推进“互联网+政务服务”开展信息惠民试点实施方案的通知	“互联网+政务服务”
	中共中央办公厅、国务院办公厅印发《国家信息化发展战略纲要》	信息化
	国务院关于印发政务信息资源共享管理暂行办法的通知	信息共享
	国务院印发《关于加快推进“互联网+政务服务”工作的指导意见》	“互联网+政务服务”
	国务院办公厅印发《关于全面推进政务公开工作的意见》实施细则的通知	政务公开
	国务院关于印发“十三五”国家信息化规划的通知	信息化
	国务院办公厅关于印发“互联网+政务服务”技术体系建设指南的通知	“互联网+政务服务”
2017年	国务院办公厅关于印发政务信息系统整合共享实施方案的通知	信息共享
	国务院办公厅关于印发政府网站发展指引的通知	政府网站
	国家发展改革委关于印发“十三五”国家政务信息化工程建设规划的通知	政务信息化
	发改委、网信办印发《政务信息资源目录编制指南（试行）》	政务信息
	关于印发《加快推进落实〈政务信息系统整合共享实施方案〉工作方案》的通知	信息共享
	互联网域名管理办法	互联网
	国务院办公厅关于推进重大建设项目批准和实施领域政府信息公开的意见	信息公开
	国务院办公厅关于推进公共资源配置领域政府信息公开的意见	信息公开
	政务信息系统政府采购管理暂行办法	政务信息

续表

十八大以来我国主要电子政务政策法规概要		
发布年份	政策法规名称	关键词
2018 年	国务院办公厅关于做好政府网站年度报表发布工作的通知	政府网站
	中央网信办、国家发展改革委会同有关部门联合印发	电子政务
	国务院办公厅关于做好政府公报工作的通知	电子政务
	国务院关于印发《国务院工作规则》的通知	电子政务
	国务院办公厅关于印发进一步深化“互联网 + 政务服务”推进政务服务“一网、一门、一次”改革实施方案的通知	“互联网 + 政务服务”
	国务院关于加快推进全国一体化在线政务服务平台建设的指导意见	在线政务服务
	国务院印发关于加强政府网站域名管理的通知	政府网站
	国务院办公厅关于印发《政府网站集约化试点工作方案》的通知	政府网站
	国务院办公厅关于推进政务新媒体健康有序发展的意见	政务新媒体
2019 年	中共中央办公厅、国务院办公厅印发《关于推进基层整合审批服务执法力量的实施意见》	电子政务
	国务院办公厅秘书局关于印发政府网站与政务新媒体检查指标、监管工作年度考核指标的通知	政府网站、政务新媒体
	中华人民共和国政府信息公开条例	信息公开
	国务院关于在线政务服务的若干规定	在线政务服务

注：表格根据洪琼、秦鹏发表在电子政务智库公众号的《十八大以来我国主要电子政务政策法规概览》一文中的相关内容整理而成。详细内容请参考原文，原文网址为 https：//mp. weixin. qq. com/s/ysGqcF - pfNjGhurbtJPNDw。